Kant für Manager

Dr. Bernd Niquet, Jahrgang 1956, lebt als freier Journalist und Schriftsteller in Berlin. Der studierte Volkswirt promovierte mit erkenntnistheoretischem Bezug zu Kant und ist dem Philosophen seither verfallen. Er ist Autor zahlreicher Bücher über die Wirtschaft und die Finanzmärkte. Bei Campus erschienen bisher von ihm *Keine Angst vorm nächsten Crash* und *Die Welt der Börse*.

Kant für Manager

Eine Begegnung mit dem großen Philosophen

von

Bernd Niquet

Campus Verlag
Frankfurt / New York

Bibliografische Information der Deutschen Nationalbibliothek:
Die Deutsche Nationalbibliothek verzeichnet diese Publikation
in der Deutschen Nationalbibliografie. Detaillierte
bibliografische Daten sind im Internet unter
http://dnb.d-nb.de abrufbar.
ISBN 978-3-593-38416-0

Umschlaggestaltung: Hißmann, Heilmann, Hamburg.
Umschlagmotiv: © bpk Berlin; Foto: Andreas Kilger
Satz: Campus Verlag, Frankfurt am Main.
Druck und Bindung: Druck Partner Rübelmann GmbH,
Hemsbach.
Gedruckt auf säurefreiem und chlorfrei gebleichtem Papier.
Printed in Germany

Besuchen Sie uns im Internet: www.campus.de

»In unserer Zeit
werden Kant und die Aufklärung
recht allgemein
als völlig veraltet angesehen;
worauf man wohl nur sagen kann:
umso schlimmer
für unsere Zeit.«

Sir Karl Popper

»Den ganzen Kant in einer halben Stunde?« Der Lehrer sieht Doktor Leips ungläubig an. »Sie wollen wirklich, dass ich Ihnen den ganzen Kant in einer halben Stunde beibringe?« Natürlich wäre das eine schöne Sache, denkt er. Für Doktor Leips und für jeden, der gerne einen Überblick gewinnen möchte. Doch geht das überhaupt? Man könnte es zumindest versuchen.

»Sie wissen doch, alles, was ich nicht habe, ist Zeit«, antwortet sein Vorgesetzter.

Natürlich, denkt der Lehrer. Doktor Leips hat keine Zeit, und alle haben keine Zeit. Und trotzdem wollen alle alles wissen. Der Lehrer seufzt leise. »Nur ein paar kurze Fragen noch: Was wollen Sie genau hören? Und warum gerade Kant? Und warum gerade jetzt?«

»Sie haben doch in unserer letzten Strategiesitzung mit Kant argumentiert. Sie haben Kant zitiert, dass man seinen Geist nicht von Vorschriften einschränken lassen, sondern den Ideen und der schöpferischen Kraft freien Lauf lassen sollte. Dass es ein anzustrebendes Ziel sei, die Dinge eigenständig zu hinterfragen und antizyklisch zu denken. Genau das, was ich auch immer sage. Nur dass das wohl alles gar nicht aus der Managementlehre, sondern schon vom alten Kant stammt.«

»Herr Doktor Leips, ich bin beeindruckt.«

Doktor Leips klopft dem Lehrer auf die Schulter. »Zudem schwärmen Sie mir doch sowieso dauernd von Ihrem Kant vor und sagen, dass Kants Philosophie schon seit über zweihundert Jahren auf dem Tisch liege, bis auf ein paar Eingeweihte jedoch niemand das Unglaubliche daran auch nur in Ansätzen verstanden habe. Dass Kant eine Bombe gezündet habe, man das aber nicht wahrhaben wolle und ihn daher stets nur zum Moralonkel mit dem erhobenen Zeigefinger des Kategorischen Imperativs heruntertrivialisiere. Jetzt will ich auch zu den wenigen gehören, die das Unglaubliche begreifen.« Doktor Leips blickt auf seine Uhr. »Ich muss in meine Videokonferenz. Also, kann ich auf Sie zählen?«

Was könnte der Lehrer darauf anderes antworten? »Sie können auf mich zählen!« Den ganzen Kant in Kurzform aufbereiten, für eine halbe Stunde. Nicht mehr nur dem mittleren Management Organisationsstrukturen und Organisationsprinzipien beibringen, wie es seit seinem Wechsel vom Gymnasium in die Schulungsabteilung von Doktor Leips' Unternehmen seine Aufgabe war, sondern Doktor Leips mit dem Kant-Virus infizieren. Das eigentlich Unglaubliche erklären: Die Welt an sich ist unerkennbar! Alles, was wir glauben, von der Welt zu erkennen, ist in Wirklichkeit nur Erscheinung. Zu den Dingen an sich dringen wir niemals durch. Denn in Wahrheit stellen sich die Verhältnisse genau umgekehrt zu unserem Alltagsglauben dar.

Die Welt an sich ist unerkennbar.
Alles, was wir zu erkennen glauben,
ist nur eine Erscheinung.

Unsere Erkenntnis richtet sich nicht nach den Gegenständen, sondern die Gegenstände richten sich nach uns. Wenn das nicht begeisternd ist. Doktor Leips hat sich zum Gehen gewandt. Schnell noch fügt der Lehrer hinzu: »Ich glaube wirklich, dass Kant für Sie genau der Richtige ist. Schließlich ist Kants gesamte Philosophie vergleichbar mit einem Unternehmen: Ein großes System von Logik und Regeln, miteinander verbunden durch dicke Stränge von Kreativität.«

Doktor Leips legt die Hand auf die Türklinke: »Und Sie haben nun die Gelegenheit, mir dieses System zu erklären«.

»Aber ich sollte Sie warnen«, fährt der Lehrer fort. »Sie werden die Welt danach mit anderen Augen betrachten.«

»Tatsächlich?«, gibt Doktor Leips zurück, und der Lehrer glaubt, ein kleines Lächeln um seine Lippen spielen zu sehen. »Nun, lassen wir uns überraschen, nicht wahr?«

Kaum ist die Tür hinter Doktor Leips ins Schloss gefallen, macht sich der Lehrer an die Arbeit, die wichtigsten Themenkreise festzulegen: In der Hauptsache die Erkenntnistheorie, denkt er. Hier die Auseinandersetzung mit dem Erkenntnissubjekt und dem -objekt, dem Rationalismus und dem Empirismus. Und in der Quintessenz Kants eigene Überschreitung von all dem, das Aufzeigen, dass unsere Erkenntnis sich nicht nach den Gegenständen richtet, sondern die Gegenstände sich nach uns richten. Was das bedeutet, und wie man dort hingelangt.

»Der Verstand schöpft seine Gesetze nicht aus der Natur, sondern schreibt sie dieser vor«, sagt Kant. Unser Verstand ist frei, die Welt nach seinen eigenen Gesetzen zu formen. Das ist bestes Futter für Querdenker und kreative Köpfe.

1

Was Kant uns heute sagen kann

Kant und unsere heutige Wissensgesellschaft – ein größerer Widerspruch lässt sich sicherlich kaum konstruieren. Denn die Situation allein ist paradox: Allerorten wird die Wissensgesellschaft propagiert und hochgehalten. Doch viel zu oft erschöpft sich vermeintliches Wissen in trivialen und zusammenhanglosen Faktenfetzen oder beschränkt sich auf reines Spezialistenwissen. Multiple Choice ist angesagt: Jeder nimmt sich heraus, was für ihn am wichtigsten erscheint. Erfolg hat, wer das Vorgesagte am besten wiedergeben kann. Wo Unternehmen nach kreativen Köpfen und freien Geistern suchen und rufen, füllt in der Praxis oft nur stupides und reproduzierbares Abfragewissen die Köpfe und lähmt das Denken.

Wie anders ist es dagegen bei Kant. Er plädiert für das »Selbstdenken«. Die Wahrheit oder Falschheit von Aussagen und Theorien soll aus dem eigenen Denken heraus beurteilt werden. Nicht auswendig gelernte Antworten auf vorgegebene Fragen sind zu geben, sondern es gilt, grundsätzlich die richtigen Fragestellungen zu finden.

Doch können wir es uns im modernen Berufsleben erlauben, die Dinge auf eigene Faust zu hinterfragen? Müssen wir das vielleicht sogar tun? Zugegeben: Der Überfluss unserer heutigen Möglichkeiten der Informationsbeschaffung und die zunehmende Komplexität unserer Umwelt bewirken, dass kaum Zeit bleibt, sich mit einem Thema ausgiebiger zu beschäftigen. Die Möglichkeiten werden ständig mehr, doch die Zeit, die zur Verfügung steht, immer weniger. Von der großen Normierung durch die allgegenwärtigen Medien und die Werbung gar nicht zu reden. Doch neues Wissen und freies Denken schaffen Wertschöpfung, auf die zu verzichten sich kein Unternehmen leisten sollte. Von Kant können wir hier einiges lernen: Herausfinden, was wir überhaupt wissen können und worüber wir nur spekulieren können. Erkennen, wo unsere Freiheit liegt, aber auch, wo sie ihre Grenzen findet.

Und ganz generell lernen, das Wichtige vom Unwichtigen zu trennen.

Käme Kant heute in eine quotenträchtige Sendung im Fernsehen, würde man vielleicht fragen: Wer oder was war Immanuel Kant? Antwort (a) Epistemologe, (b) Dermatologe, (c) Entomologe, (d) Epidemiologe. Doch die Kenntnis der richtigen Lösung (a) fügt unserem Wissen kaum etwas hinzu, weil hier ausschließlich Definitionen abgefragt werden. Ein Wissen, mit dem der Mensch wirklich etwas anfangen kann, beinhaltet hingegen etwas ganz anderes: Wirkliches Wissen besteht in der Macht und dem Vermögen, Tatsachen zu kennen und Verknüpfungen zwischen diesen Tatsachen herstellen zu können. Kant selbst sagt: »Wissen ist ein Fürwahrhalten aus einem Erkenntnisgrunde.« Beschäftigen wir uns also mit der Erkenntnis. Und mit dem Drang, sie zu erwerben.

Was hatte ihn selbst zu Kant gebracht?, fragt sich der Lehrer. Warum hatte er so viele Jahre darauf verwandt, sich durch Kants zähe Schriften hindurchzukämpfen, obwohl er sich im Grunde genommen von Doktor Leips gar nicht so sehr unterschied und auch bei ihm alles immer schnell gehen musste?

Ganz sicher war es der Geruch der Freiheit, den er in Kants Theorien erkannte: die Ahnung, dass die Welt in Wirklichkeit ganz anders sein könnte, als immer behauptet wurde, und der Glaube an die vielversprechenden Möglichkeiten, die darin lagen. Und er hatte gefühlt, dass er bei Kant genau das finden würde, wonach er suchte. Wer ein »Warum« hat, der erträgt auch jedes »Wie«. Der Lehrer hatte ein Ziel und einen Antrieb – und dafür ertrug er alle Strapazen.

Das war die Saat, aus der das Wissen gewachsen ist, denkt er heute. Denn wirkliches Wissen, so sagt man, kann man sich keinesfalls einfach anlesen oder sich eintrichtern lassen. Alles Begreifen ergibt sich über persönliches Erleben und eigene Erfahrungen, und alle Erkenntnisse entstammen entweder einer eigenen Begeisterung oder aus einer Notlage. Das weiß der Lehrer. Und er weiß, dass Kant ebenfalls für diese Begeisterung, den Drang nach Wissen, eintritt. Doch auch der Lehrer wird in diesem Prozess selbst noch einiges dazulernen.

Kant plädiert für das Selbstdenken des Menschen, für die Aufklärung von althergebrachten Irrtümern: »Aufklärung ist der Ausgang des Menschen aus seiner selbst verschuldeten Unmündigkeit«, sagt Kant. In dieser Hinsicht ist Kant den stürmischen Achtundsechzigern erstaunlich nahe: Beiden geht es um die Befreiung aus alten und überholten Zwängen. Der Mensch ist frei, er ist keinen Zwängen unterlegen.

Der Lehrer erinnert sich. Das Ende der sechziger Jahre wurde von dem Gefühl der Jugend dominiert, es gebe keine allgemeingültige Wahrheit mehr und die Zukunft sei keinesfalls so klar umrissen, wie man es immer gedacht hatte. Wenn man also nach der Wahrheit suchte, konnte man sie ebenso gut auch selbst erfinden. Plötzlich stand die Zukunft offen und war in keiner Weise festgelegt. Es kam ausschließlich darauf an, was man aus ihr machte. Nicht anders stellt es sich auch bei Kant dar.

Eigentlich zeigt Kant hier ein zweites Gesicht, denkt der Lehrer. Ganze Generationen wurden von einem negativ ausgelegten Kategorischen Imperativ gequält. »Handle nur nach derjenigen Maxime, durch die du zugleich wollen kannst, dass sie ein allgemeines Gesetz werde.« Der Lehrer hatte es noch selbst erlebt, wie die Väter mit Verweis auf Kant alles verboten, als draußen die Achtundsechziger rebellierten. Doch so muss man Kant nicht interpretieren!

Und genau an dieser Stelle wird die Geschichte rund, stellt der Lehrer fest: Denn dass die Zukunft nicht bereits determiniert und vorbestimmt, sondern ganz im Gegenteil offen und gestaltbar ist, das steht auch bei der Unternehmensführung und der Managementlehre im Mittelpunkt. Die Lehrsätze des Managements als ein Relikt der Studentenbewegung, diese in Wirklichkeit von Kant beeinflusst, und Kant selbst ein Achtundsechziger – welch verrückte, verflochtene Welt!

2

Der Drang nach Erkenntnis – Kants Leben und Programm

Kant war ganz gewiss ein Neunundachtziger: ein 1789er, ein leidenschaftlicher Verfechter der Französischen Revolution. Im revolutionären Ruf »Liberté, Egalité, Fraternité« erkennt Kant nichts anderes als seine eigenen Ideale von Freiheit, Gleichheit und Selbstständigkeit wieder. Regelmäßig informiert er sich über die Geschehnisse in Frankreich, an denen er im Geiste lebhaft teilnimmt. Und selbst als die Entwicklung vom Freiheitsstreben in die Terrorherrschaft umschlägt, stimmt ihn das nicht um. Für ihn zählt einzig das Resultat: »Sie (die Revolutionäre)«, sagt er, »haben Ideen in Bewegung gebracht, verbreitet, die nicht mehr auszutilgen sein werden.«

Kant ist ganz ein Kind seiner Zeit, ein Mensch des 18. Jahrhunderts. Er lebt von 1724 bis 1804 und ist durchaus als Spätzünder zu begreifen. Professor wird er erst im Alter von 46 Jahren. Als sein Hauptwerk *Die Kritik der reinen Vernunft* erscheint, ist er bereits 57 Jahre alt. Gut Ding braucht zwar Begeisterung oder Not, will aber auch Weile haben. Es ist kein leichtes Gebiet, in dem Kant sich bewegt. Doch selbst mit dem Erscheinen der *Kritik der reinen Vernunft* tritt der Ruhm noch nicht ein. Zunächst ändert sich gar nichts. Das Haupthindernis zum Verständnis des Werkes bilden die »Kantschen« Sätze, wie bereits kurz nach dem Erscheinen der *Kritik* ein ehemaliger Studienkollege von Kant berichtet:

»Ja, lieber Freund, Eure Schreibart ist so reich an Klammern und Vorbedingtheiten, welche ich im Auge behalten muss; da setze ich denn einen Finger aufs Wort, dann den zweiten, dritten, vierten, und ehe ich das Blatt umschlage, sind meine Finger alle.« Und was den am damaligen Schrifttum Geübten schon schwerfällt, stellt heute oft in Gänze ein wirksames Ausschlusskriterium dar.

In Hinsicht auf Kants Leben erweist sich die Vorstellung des Volksmundes als zutreffend, dass es selten Menschen gibt, deren Leben nach so strengen Regeln und Gesetzmäßigkeiten abläuft wie das von Kant. Doch wie kann man ein derart umfassendes Werk wie das Kants schaffen, wenn man sich nicht mittels Routine und Regeln den Rücken frei hält? Unternehmen machen es nicht anders. Wer in seinem Kopf das Chaos der Welt durchwühlt, muss in seinem Alltagsleben penible Ordnung halten. Ansonsten geht er unter. Oder er wird ein bunter Vogel, aber niemals jemand, der ein großes Werk zustande bringt.

> ***Wer in seinem Kopf das Chaos der Welt durchwühlt, muss in seinem sonstigen Leben penible Ordnung halten.***

Jeden Tag, egal an welchem Wochentag, steht Kant um fünf Uhr in der Frühe auf, nimmt zwei Tassen Tee zu sich, raucht eine Tabakspfeife und bereitet noch im Morgenmantel seine Lehrveranstaltungen vor. Von sieben bis neun Uhr hält er seine Vorlesungen und arbeitet anschließend bis pünktlich um viertel vor eins an seinen Werken. Ab dreizehn Uhr wird ausgiebig mit

Freunden und geladenen Gästen gespeist. Exakt um sechzehn Uhr folgt der Spaziergang, der nicht nur täglich zur selben Zeit, sondern stets auch auf den gleichen Wegen stattfindet. Diesem schließt sich die Mußestunde an, in der Zeit für Lektüre ist. Um Punkt zehn Uhr am Abend geht Kant zu Bett. Sein gesamtes Leben lang ist er niemals krank, hat nie auch nur eine einzige Vorlesung versäumt.

Doch neben dieser reglementierten, scheinbar von Zwängen geprägten Welt existiert noch eine andere Seite: Kant ist ein materiell und geistig freier Mensch, ein Begeisterter, dankbar für die Chance, an der Lösung der wichtigsten Rätsel dieser Welt selbst mitwirken zu können. Er ist ein freier Denker, der sich bei seiner Suche nach Erkenntnis auf keinerlei Autoritäten verlässt. Er meidet den Muff der rein akademischen Zirkel, hat Freunde aus sehr verschiedenen Kreisen, ist ein eloquenter Gastgeber, und seine nachmittäglichen Gesellschaften sind legendär.

Kant ist kein Bewohner des Elfenbeinturmes. Er schließt sich nicht von der Welt ab. Im akademischen Milieu gilt er aufgrund seiner Vielseitigkeit und seiner Unkonventionalität als

Außenseiter, und dies ist ihm gar nicht so unrecht, kann er sich doch so viel besser auf die Inhalte seines Schaffens konzentrieren und sich von den ganzen kleinlichen Rivalitäten und Schikanen des Wissenschaftsbetriebs fernhalten. Erst sehr spät wird Kant überhaupt ordentlicher Professor und wahrt auch danach seine Eigenständigkeit.

Mit Recht kann man Kant als das bezeichnen, was die Briten einen »private man« nennen, als jemanden, der »für sich stehend« und nicht »dem öffentlichen Denken angeschlossen« ist, also ein Mann, der aus sich heraus, aus seinem eigenen Gewissen und seinem eigenen Streben handelt und dafür hoch geachtet ist. Der anzweifelt, was als herrschende Meinung gilt, der kein Nachahmer ist und sich lieber seine eigenen Gedanken macht als die Dogmen der anderen nachzubeten. »So viel ist gewiss«, schreibt Kant selbst zu diesem Thema, »wer einmal Kritik gekostet hat, den ekelt auf immer

> ***So viel ist gewiss, wer einmal Kritik gekostet hat, den ekelt auf immer alles dogmatische Gewäsche.***

alles dogmatische Gewäsche, womit er vorher aus Not Vorlieb nahm, weil seine Vernunft etwas bedurfte und nichts Besseres zu ihrer Unterhaltung finden konnte.«

Kant wird von einem nahezu unstillbaren Wissensdrang getrieben. Will man ihm einen Wahlspruch zuordnen, dann müsste es wohl dieser sein: »Zwei Dinge erfüllen das Gemüt mit immer neuer und zunehmender Bewunderung und Ehrfurcht, je öfter und anhaltender sich das Nachdenken damit beschäftigt: Der bestirnte Himmel über mir und das moralische Gesetz in mir.«

> ***Zwei Dinge erfüllen das Gemüt mit immer neuer und zunehmender Bewunderung und Ehrfurcht: Der bestirnte Himmel über mir und das moralische Gesetz in mir.***

Kant beschäftigt sich mit den unterschiedlichsten Themen und ist keinesfalls gewillt, sich auf die Erkenntnisse von anderen zu verlassen. Denn Irrtümer und Widersprüche hat es zu allen Zeiten gegeben und wird es immer geben, das weiß Kant. Deshalb will er die Dinge eigenständig hinterfragen und eigene Antworten auf die wichtigsten Fragen finden, die ihn beschäftigen. Diese Fragen lauten: Was kann ich wissen? Was soll ich tun? Was darf ich hoffen? Und was ist der Mensch?

Die erste dieser Fragen, die zugleich die grundlegendste und umfassendste von allen ist, hat Kant mit seiner Erkenntnistheorie in der *Kritik der reinen Vernunft* zu beantworten versucht. Wer Kant in Kürze begegnen will, der nähert sich seiner Philosophie am besten über die Erkenntnistheorie, stellt sie doch nicht nur den revolutionärsten Teil des Kantschen Schaffens dar, sondern zugleich einen der wichtigsten Meilensteine in der modernen Philosophiegeschichte.

Kants wichtigste Fragen:

Was kann ich wissen?
Was soll ich tun?
Was darf ich hoffen?
Und was ist der Mensch?

Doch wer waren eigentlich Kants eigene Lehrer? Wer hat die Begeisterung in ihm geweckt? Zentraler Einflussfaktor für Kants gesamte Philosophie ist der Spannungsbogen der Bücher zweier überragender Denker, die bleibenden und weiterführenden Eindruck auf Kant gemacht haben. Auf der einen Seite ist das Isaac Newtons Schrift *Philosophiae Naturalis Principia Mathematica* von 1687, in der er seine noch heute gültigen Gravitations- und Bewegungsgesetze entwickelt. Als Kant die *Philosophiae Naturalis* liest, ist er noch Student. Und auf der anderen Seite David Humes *Traktat über die menschliche Natur* aus dem Jahr 1740, auf welches Kant jedoch erst 1771 aufmerksam wird. Dafür wird es später zur Initialzündung für sein eigenes Hauptwerk, welches exakt zehn Jahre später fertiggestellt wird.

Diese beiden großen Denker haben die Wurzeln zu Kants Werk gelegt. Newton stellte Gesetzmäßigkeiten auf, mit denen sich die Bewegungen der Planeten so exakt berechnen lassen, dass keinerlei Zweifel daran möglich ist, dass es sich dabei um zutreffende und gültige Beschreibungen der Realität handelt. Die logische Widerspruchslosigkeit und die strenge Allgemeingültigkeit dieser Gesetzmäßigkeiten übten einen starken und bleibenden Eindruck auf Kant aus. Doch es gibt auch einen skeptischen Gegenpol zum Optimismus der Newtonschen Gravitationsgesetze. Diesen bildet David Hume.

Bei Hume findet Kant die andere Seite seines Wesens bestätigt. Kant ist in der Tradition groß geworden, nach der man alleine mit dem Verstand die Welt erschließen und damit sogar Erkenntnisse gewinnen kann, welche die sinnlichen Erfahrungen übersteigen. Beim kritischen Kant bilden sich bereits früh Zweifel an diesem Denken, doch erst bei Hume findet er eine überzeugende Bestätigung dafür. In Humes Skeptizismus erkennt er zwar die Wurzeln seiner eigenen Zweifel wieder, doch der Preis dafür ist hoch. Denn in Humes System gäbe es – und das lässt Kant zurückschrecken – keine allgemeine Erkenntnis mehr, keine strengen und zu jedem Zeitpunkt identisch wiederkehrenden Gesetzmäßigkeiten, wie sie doch Newton so überzeugend abgeleitet hat.

Hätte Hume Recht, so dürfte auch Newtons Himmelsmechanik keine Gültigkeit haben und man könnte sich auf die Naturgesetze nicht verlassen. Deren Gültigkeit müsste dann ausschließlich auf einem glücklichen Zufall beruhen. Das zu glauben fällt Kant schwer. Wären hingegen – umgekehrt betrachtet – Newtons Gesetze zutreffend, an deren Existenz Kant keinerlei Zweifel hegt, dann müsste Hume irren. Dies ist für Kant jedoch ebenso wenig vorstellbar.

Der Widerspruch, den Kant in den beiden Denkrichtungen erkennt, gibt den Anstoß zur Entwicklung seiner eigenen Erkenntnistheorie. Zu deren Verständnis ist es ganz wichtig, vor der Beleuchtung der Hintergründe von Newton und Hume, noch einmal die Zwickmühle zu erläutern, in der Kant sich befindet: Einerseits sagt Hume, unsere Vernunft habe keinerlei Fähigkeit, die in der Natur herrschenden und unsere Verstandesfunktion übersteigenden Gesetzmäßigkeiten zu erkennen. Andererseits können wir laut Newton davon ausgehen, ein gewisses Maß an Wissen über diese Naturgesetze zu besitzen. Wie ist so etwas möglich? Wie ist es möglich, dass wir offenbar wissen, was wir gar nicht wissen können?

Kants Lösung dieses Problems wird annähernd zehn Jahre in Anspruch nehmen und nahezu alles über den Haufen werfen, was die

Philosophie vorher gedacht hat. Sie wird sich als einer der genialsten Würfe der Philosophiegeschichte erweisen. Jahrhunderte hatte man vorher damit zugebracht, herauszufinden, wie die Welt da draußen, außerhalb von uns Menschen wohl beschaffen sei. Und dann tritt ein kleiner Mann aus seiner Studierstube, wirft das gesamte Denken der Menschheitsgeschichte mit einem einzigen Gedanken aus der Bahn und sagt: »Der Verstand schöpft seine Gesetze nicht aus der Natur, sondern schreibt sie dieser vor.«

Der Verstand schöpft seine Gesetze nicht aus der Natur, sondern schreibt sie dieser vor.

Wenige Tage nach ihrem letzten Gespräch fordert Doktor Leips den Lehrer auf, ihn auf einer Dienstreise nach Helsinki zu begleiten. »Ich erweitere Ihr Zeitfenster, jetzt haben Sie etwas mehr Zeit«, hatte Doktor Leips in seiner E-Mail geschrieben. »Im Flugzeug können wir reden. Oder besser: Dann können Sie reden.«

Kurze Zeit später sitzen Doktor Leips und der Lehrer im Flugzeug, gleich vorne in der ersten Reihe. So wird man möglichst wenig von anderen Dingen abgelenkt. Noch bevor das Flugzeug startet, beginnt der Lehrer bereits eifrig, seinem Vorstand die Grundlagen der Kantschen Erkenntnistheorie und ihren historischen Kontext zu erläutern.

»Sie müssen sich noch anschnallen«, fordert Doktor Leips den Lehrer auf. »Damit Sie nicht ins Schlingern geraten, falls es zu Turbulenzen kommen sollte.« Er lächelt. Der Lehrer wundert sich ein wenig über diesen Rat – schließlich ist das nicht sein erster Flug –, doch dann taucht er wieder in sein eigentliches Thema ein und macht sich keine weiteren Gedanken. Jedenfalls noch nicht.

»Genau, schnallen wir uns an. Und dann starten wir. Starten wir zu unserer Zeitreise. Fliegen wir in die Zukunft – zu Kant ins Ende des 18. Jahrhunderts. Denn das ist kein Widerspruch. Schließlich gab es zu dieser Zeit, wenn ich es einmal pointiert ausdrücken darf, bereits ein kleines Dorf weit im Osten, in welchem dem Zeitgeist heftig Widerstand geleistet wurde und wo man geistig schon weiter war als wir es heute sind.«

3

Grundlagen der Erkenntnistheorie

Die wichtigste Unterscheidung, die wir sowohl in der Erkenntnistheorie als auch generell jedes Mal, wenn wir etwas erkennen wollen, zu treffen haben, ist die Unterscheidung zwischen Subjekt und Objekt. Das Subjekt ist der Erkennende, das Objekt ist das, was erkannt werden soll, also das zu Erkennende. Damit ist die Ausgangssituation markiert, jedoch gleichzeitig auch bereits die hauptsächliche Problemlage zementiert. Denn wie wir sogleich sehen werden, resultieren nahezu alle Schwierigkeiten des Erkennens und der Erkenntnistheorie bereits aus dieser einen Unterscheidung.

Konkret haben wir zu fragen: Was stammt aus uns selbst, also dem Subjekt? Und was betrifft die Welt der Dinge sowie die Beziehungen zwischen den Dingen, die wir erkennen wollen, also das Objekt?

Hier ist es aufschlussreich, zunächst die beiden Extremfälle zu betrachten: Den Subjektivismus auf der einen Seite und den Objektivismus auf der anderen Seite.

Der reine Subjektivismus behauptet: Die Welt ist so, wie ich sie sehe. Es ist leicht ersichtlich, dass diese Position unhaltbar ist. Denn alle Menschen, sprich alle Subjekte, sehen die Welt unterschiedlich, jeder aus seiner Perspektive. Wenn nun jede Perspektive die wahre Weltsicht sein sollte, müsste es ebenso viele Welten wie Subjekte geben. Da es jedoch nur eine einzige Welt gibt, müsste man auf das Konzept der Wahrheit ganz verzichten. Dies jedoch wäre weder klug noch durchführbar. Einen reinen Subjektivismus kann es also nicht geben.

Das entgegengesetzte Extrem stellt der reine Objektivismus dar. Zeigt sich der reine Subjektivismus wie oben dargestellt als ein unhaltbares Gedankengebäude, so verkörpert der reine Objektivismus im Gegensatz dazu unser ausgemachtes Erkenntnisziel. Er bezeichnet unsere Idealvorstellung des Erkennens. Wir wollen die Welt so sehen und erkennen, wie sie ist. Wir wollen den Tatsachen ins Auge blicken – und zwar ohne jegliche subjektive Verzerrung. Leider ist dies eine Idealvorstellung, die praktisch nicht erreichbar ist.

Der Erkenntnistheoretiker und Philosoph Sir Karl Popper, der das gesamte naturwissenschaftliche Denken der Gegenwart maßgeblich geprägt hat, sagt über den Objektivismus: Objektive Erkenntnis ist Erkenntnis ohne erkennende Subjekte. Das heißt: Alle objektive Erkenntnis soll die Dinge so zeigen, wie sie sind – ganz ohne die möglichen Verzerrungen der subjektiven menschlichen Wahrnehmungen.

Doch wie kann man von einer Erkenntnis sprechen, die niemand erlangt hat? Das hieße vorauszusetzen, dass unsere Erkenntnisformen, das heißt unsere Sinneswahrnehmungen, uns die Natur stets wahrheitsgetreu widerspiegeln. Kant würde diesen Weg niemals mitgehen.

Der Lehrer hält kurz inne. »Sie sehen also, lieber Doktor Leips, dass man bereits bei der ersten Unterscheidung, bei der ersten Definition der Erkenntnistheorie schon in eine scheinbar vollkommen unlösbare Situation und Aufgabe hineingerät. Auf der einen Seite die unkalkulierbare menschliche Subjektivität und auf der anderen Seite eine für den Menschen prinzipiell unerreichbare Objektivität.

Einerseits muss alles zwangsweise subjektiv sein, andererseits gibt es dennoch vieles, was eine objektive Gültigkeit besitzt.«

»Aber wie soll denn das gehen?«, fragt Doktor Leips ratlos.

Der Lehrer nickt. »Genau dies ist Kants grundlegende Fragestellung zum Ausgang des 18. Jahrhunderts.«

Subjekt und Objekt sind nur der eine Kontext des Erkenntnisprozesses. Der andere lautet: Woher stammen unsere Erkenntnisse, aus dem Verstand oder aus den Sinnen? Die Denkrichtung, nach der alle Erkenntnis aus dem Verstand und der Vernunft resultiert, nennt sich Rationalismus, die Sichtweise, die in der Hauptsache auf die Sinne abstellt, bezeichnet man als Empirismus.

Der Rationalismus ist das philosophische System, in dem Kant groß geworden ist und das ihn noch während seines Studiums geprägt und beeinflusst hat. Doch bereits in dieser Phase kommen ihm Zweifel an der Richtigkeit dieser Philosophie. Der Rationalismus ist reine Vernunftphilosophie. Er stellt die These auf: Was der menschliche Verstand und die menschliche Vernunft über die Welt aussagen, ist wahr. Doch wie gelangt man zu derartigen wahren Erkenntnissen? Und wie kann man richtig von falsch, wahr von unwahr unterscheiden?

Der Rationalismus behauptet, dass es möglich sei, aus den angeborenen Grundsätzen der menschlichen Vernunft auch ohne Zuhilfenahme von Sinneseindrücken ein richtiges und wahres Bild der Welt zu entwickeln. Das ist in letzter Konsequenz nicht zu akzeptieren. Eine Erkenntnis, die sich nicht über Sinneseindrücke rückversichert, öffnet jeglicher Spekulation Tür und Tor. Denn hier kann letztlich alles behauptet werden, ohne dass es eine Möglichkeit der Überprüfung anhand von Beobachtungen gibt. Man kann daher folgenden Vergleich anstellen: Der reine Rationalismus ist, als ob man nach absoluten und selbst gesetzten Prinzipien auf dem Markt agieren würde, ohne auf die Marktpreise und die Marktentwicklung zu schauen.

> ***Reiner Rationalismus an den Märkten wäre, zu agieren, ohne auf die Marktentwicklung zu achten.***

Mit solch einer Strategie müsste man zwangsläufig Schiffbruch erleiden. Das hat auch Kant sehr deutlich gesehen. Reiner Rationalismus war für ihn dogmatisches Geschwafel, das sich jeder Überprüfung entzieht und zum Scheitern verurteilt ist. Kant hat an seiner Meinung darüber keinen Zweifel gelassen und konnte auch recht zynisch werden, wenn er sich über diejenigen lustig machte, die Erkenntnisse ohne kritische Überprüfung erlangen wollten: »Wenn ein hypochondrischer Wind in den Eingeweiden tobet, so kommt es darauf an, welche Richtung er nimmt. Geht er abwärts, so wird daraus ein F –, steigt er aber aufwärts, so ist es eine Erscheinung oder eine heilige Eingabe.«

Wenn jedoch der Rationalismus keine Lösung sein kann, was ist die Alternative? Das Gegenstück zum Rationalismus findet sich im Empirismus. Der Empirismus vertritt die genau entgegengesetzte Weltsicht: Es ist nichts im Verstand, was nicht vorher in den Sinnen war. Allein unsere Sinneseindrücke sind die Quelle unserer Erfahrung. Doch eben darin liegt auch ihre Grenze. Denn selbst hunderttausend Beobachtungen, dass etwas so beschaffen ist, wie wir es sehen, gibt uns nicht die endgültige Gewissheit, dass es sich hier tatsächlich um ein allgemeines Gesetz handelt.

Nehmen wir beispielsweise Newtons Himmelsgesetze als Referenzfall, um das Dilemma zwischen Rationalismus und Empirismus genauer zu erläutern. Laut dieser Gesetze können wir die Stellungen der Planeten zu jedem möglichen Zeitpunkt exakt berechnen. Doch wie sind wir zu diesen Gesetzen gekommen?

Der Rationalismus behauptet: Durch reines Denken. Doch wie kommt es dann, dass dieses Denken anscheinend in der Realität seine Entsprechung findet? Das ginge nur, wenn die Welt außerhalb von uns von einer Vernunft bestimmt wäre, die ihrem Wesen und ihren Gesetzen nach dieselbe ist wie die in uns wirkende Vernunft. Hier allerdings greift der Rationalismus über die Grenze unserer Erfahrung hinaus. Er behauptet etwas, was niemals erfahrbar oder überprüfbar ist. Er entpuppt sich damit als metaphysisch, als »hinter oder über der Natur stehend«, er betrifft Dinge, die »nach der Physik«, also nach unserem wissenschaftlichen Wissen kommen, und maßt sich etwas an, was dem Verstand in seriöser Weise nicht zugänglich ist.

Was sagt dagegen der Empirismus? Der Empirismus, der alle Wahrheit alleine aus unseren Sinneseindrücken ableitet, stellt die folgende Frage: Ist es zulässig, aus einer begrenzten Anzahl von Beobachtungen auch auf Fälle zu schließen, die nicht beobachtet werden? Ist aus einer endlichen Zahl von Beobachtungen auf die prinzipiell unendliche Menge aller möglichen Beobachtungen, also auf ein allgemeines Gesetz zu schließen? Die Antwort darauf kann – streng nach den Vorstellungen des Empirismus – nur heißen: Nein, das ist es nicht. Selbst wenn man einen Sachverhalt eine Million Mal identisch beobachtet, heißt das immer noch nicht, dass er beim nächsten Mal wieder so eintreten muss.

Doch warum glauben dann trotzdem alle vernünftigen Menschen, dass unsere zukünftigen Erfahrungen und Beobachtungen den bisherigen entsprechen werden?, fragen die Empiristen weiter. Ihre Antwort lautet: Das geschieht aus Gewohnheit. Wir alle sind daran gewöhnt, dass bestimmte Dinge sich wiederholen. Diese Erwartung hat sich bei uns eingepflanzt. Ohne diesen Mechanismus könnten wir nicht überleben.

Beziehen wir dies ebenfalls auf die Marktorientierung des Managers, dann können wir sagen: Ist der Rationalismus wie ein Agieren, ohne auf die Marktpreise und die Marktentwicklung zu schauen, so verkörpert sein Gegenstück, der Empirismus, das simple Fortschreiben von Markttrends, ohne sich eigene Gedanken darüber zu machen.

> ***Reiner Empirismus an den Märkten wäre, Markttrends einfach fortzuschreiben, ohne sich eigene Gedanken zu machen.***

Die Empiristen bezeichnen unseren Verstand folglich als eine *Tabula rasa*, als ein unbeschriebenes Blatt oder eine leere Tafel, mit der wir der Welt entgegentreten. Im Zuge des sich entwickelnden Erkenntnisprozesses wird diese *Tabula rasa* schließlich durch alle aus dieser Welt stammenden Sinneseindrücke in für uns lesbarer Form beschrieben.

Denkt man den Empirismus konsequent zu Ende, kommt man zu dem Schluss, dass dann nicht nur die Welt an sich von keiner Rationalität durchdrungen sein könne, sondern dass nicht einmal unser Verstand selbst rational arbeiten würde. Der Mensch selbst wäre in diesem Fall nicht mit Vernunft begabt, sondern nur ein Produkt blinder Gewohnheit. Das klingt zwar fast wie der Zeitgeist des 21. Jahrhunderts, entstammt jedoch David Humes *Traktat über die menschliche Natur* und damit der Mitte des 18. Jahrhunderts. Doch ist Humes Schluss korrekt? Und wie kommt er zu diesem Schluss?

Gehen wir zunächst seiner Argumentation nach: Wenn es nach den Gesetzen der Logik nicht stimmig ist, von einer endlichen Zahl von Beobachtungen auf ein allgemeines Gesetz zu schließen, sagen die Empiristen, dann ist dieses Schlussverfahren selbst, nämlich vom Besonderen auf das Allgemeine, logisch nicht haltbar und nicht rational. Weil dieses Schlussverfahren, das sogenannte Induktionsprinzip, jedoch das Arbeitsprinzip unseres Verstandes sei, folge daraus, dass auch unser Verstand selbst nicht rational arbeiten könne. Ein nicht-rationaler Verstand ist folglich auch nicht in der Lage, strenge Naturgesetze ableiten zu können. Selbst das Kausalitätsprinzip, also unsere Fähigkeit, von einer Ursache auf eine Wirkung zu schließen, wäre dann für den empiristischen Verstand nur das Produkt einer Gewöhnung.

Doch arbeitet unser Verstand tatsächlich induktiv? Dies ist die große Frage, die schließlich auch den Einstieg in Kants Lösungsweg darstellt. Vielleicht denken wir in Wahrheit gar nicht induktiv? Wenn dem so wäre, dann würde die Humesche Begrenzung nicht mehr greifen. Doch der Reihe nach.

Humes Zweifel hatten Kant im Winter 1770/71 in eine tiefe Krise gestürzt. Ist alles bisherige Wissen nur Blendwerk, Irrtum und Betrügerei?, fragte sich Kant und schrieb nach ausführlichem Studium von Humes Werk: »Der angestrengte Anblick dieser mannigfaltigen Widersprüche und Unvollkommenheiten in der menschlichen Vernunft hat mich so benommen und mein Gehirn erhitzt, dass ich geneigt bin, allen Glauben, alle Beweise, alle Wahrscheinlichkeiten aufzugeben. Wo oder was bin ich? Von welchen Ursachen leite ich mein Dasein, und wohin geht meine künftige Bestimmung?«

»Das hört sich aber nicht gut an«, sagt Doktor Leips sichtlich verwirrt. »Kant in der Existenzkrise?«

»Das könnte man so sagen«, bestätigt der Lehrer. »Das Problem, vor dem er steht, scheint unlösbar. Doch Kant nimmt die Herausforderung an – und findet einen Ausweg.«

Noch bevor Doktor Leips etwas entgegnen kann, meldet sich eine Stimme über den Lautsprecher: »Meine sehr verehrten Damen und Herren, hier spricht ihr Flugkapitän. Ich darf Sie sehr herzlich zu unserem Flug nach Helsinki begrüßen. Wir haben soeben die Starterlaubnis erhalten und werden in Kürze mit dem Startvorgang beginnen. Ich wünsche Ihnen einen angenehmen Flug.«

»Es geht los, wir starten«, sagt der Lehrer ein wenig aufgeregt. »Die Vorbereitungen sind abgeschlossen, wie bei Kant. Bei ihm dauerte es allerdings weitaus länger, nämlich mehrere Jahre, bis im Februar 1772 die ersten Umrisse dessen zu erkennen waren, was viele Jahre später als eines der größten Werke der Philosophiegeschichte das Licht der Welt erblicken sollte.«

4

Kants Weg – Die kopernikanische Wende

Die Situation, in der Kant sich befindet, ist folgende: Auf der einen Seite steht der Rationalismus, dessen dogmatische Fokussierung auf Vernunftaussagen ohne Berücksichtigung von Sinneseindrücken Kant nicht länger akzeptieren kann. Darin gibt er Hume Recht. Auf der anderen Seite aber stehen die Naturgesetze, deren Existenz Newton zweifelsfrei bewiesen hat. Der Gedanke, dass diese ausschließlich ein Produkt menschlicher Gewohnheit darstellen sollen, wie Hume und die Empiristen behaupten, ist für Kant unerträglich. Denn was wäre, wenn diese menschlichen Gewohnheiten sich änderten? Dann wären auch die Gesetze nicht länger unwandelbar und somit keine Gesetze mehr.

Die Kluft scheint unvereinbar, doch Kant ist entschlossen, einen Lösungsweg zu finden. Und dieser ist, wie so oft, im Nachhinein ganz einfach: Kant zeigt auf, dass die rivalisierenden Richtungen, der Rationalismus und der Empirismus, zu beiden Teilen Recht haben, jede Denkrichtung für sich alleine aber zu keiner gültigen Erkenntnis kommen kann, weil jede den Grundsatz der jeweils anderen unbeachtet lässt.

Das Prinzip war damals nicht anders als heute: Es kommt ganz auf die Synergien und Vernetzungen an. Nichts und niemand kann alleine alles erklären oder erreichen, jede Lösung ist immer auch ein Zusammenwirken. Die Erkenntnistheorie und das Management stehen prinzipiell vor den gleichen Aufgaben: Um möglichst sichere Erkenntnisse zu erzielen, sind Verknüpfungen zu bilden und Synergien herzustellen.

> ***Die Erkenntnistheorie und das Management stehen prinzipiell vor den gleichen Aufgaben: Möglichst sichere Erkenntnisse erzielen und dazu Verknüpfungen bilden und Synergien herstellen.***

Kant versucht, die Einäugigkeit des Rationalismus und des Empirismus zu überwinden und alle Dinge von beiden Seiten zu sehen. Wer also mit Kants Augen auf den Markt schaut, der macht sich seine eigenen Gedanken und behält sowohl die Marktpreise als auch die Markttendenz im Blick.

Mit Kant an den Märkten zu agieren heißt, nicht einäugig zu sein und sich sowohl eigene Gedanken über den Markt zu machen als auch auf den Markttrend zu achten.

Der Weg der Synergie von Rationalismus und Empirismus, den Kant aufzeigt, sieht folgendermaßen aus: Von den Empiristen übernimmt er die Sichtweise, dass alle Erkenntnis mit Sinneseindrücken anfängt, allerdings mit einer Ausnahme – und das bedeutet die Übernahme rationalistischen Gedankenguts –, nämlich des Verstandes selbst. Da es, wie jeder vernünftige Mensch nachprüfen kann, tatsächlich strenge Naturgesetze gibt, habe Humes Empirismus übersehen, so Kant, dass es Sinnes- und Verstandesprinzipien gibt, die unabhängig von unserer Erfahrung bestehen. Es existieren also

Prinzipien, die vor jeder Erfahrung Gültigkeit haben. »Vor jeder Erfahrung« heißt *a priori*. Man kann dazu im weitesten Sinne auch einen Begriff wie »angeboren« verwenden. Also gleichsam Prinzipien, die erst bewirken, dass wir überhaupt wahrnehmen und denken können.

Kant unterscheidet »reine Formen der Sinnlichkeit« und »reine Verstandesbegriffe« beziehungsweise »reine Verstandesurteile«. Diese sind notwendig, damit wir überhaupt Erfahrungen machen können. Sie müssen daher zwangsläufig rein von der Erfahrung her, also vor der Erfahrung liegen und *a priori* gültig sein, da andernfalls gar keine Erfahrung möglich wäre. Diese Verstandesurteile stellen erst die Bedingungen jeder möglichen Erfahrung dar.

»Und jetzt wird es interessant und revolutionär!« Die Augen des Lehrers leuchten wieder und Doktor Leips schaut ihn aufmerksam an, ganz gebannt von seinen Ausführungen. Das Flugzeug steigt steil in die Luft. Leichte Turbulenzen bringen die Maschine kurzzeitig ins Ruckeln. Sobald sie die Reiseflughöhe erreicht haben, denkt der Lehrer, wird schon Ruhe einkehren.

Er ist jetzt ganz in seinem Element. Eine schönere Beschäftigung als diejenige, die er gerade im Moment ausübt, kann er sich nicht vorstellen. Ein wenig sorgt er sich, ob Doktor Leips ihm auch folgen kann. Sie befinden sich zugegebenermaßen auf schwierigem Terrain. Er jedenfalls hätte schwer daran zu tragen, denkt der Lehrer, wenn er das alles ohne Vorkenntnisse hören würde. Doch in Doktor Leips' Blick liegt nur gespanntes Interesse – und ein leichtes, scheinbar amüsiertes Lächeln. Weiß er etwas, was ich nicht weiß, und macht sich lustig über mich?, fragt sich der Lehrer ein wenig irritiert. Eine weitere Durchsage lenkt ihn von diesen Gedanken ab.

»Meine sehr verehrten Damen und Herren, hier meldet sich noch einmal Ihr Kapitän. Unsere Flugzeit nach Helsinki wird zwei Stunden betragen. Denken Sie bitte an die Zeitumstellung und stellen Sie Ihre Uhren um eine Stunde vor. In zwanzig Minuten werden wir die Ostsee erreichen, dann fliegen wir ein Stück parallel zur polnischen Küste. Über unsere weitere Route werde ich Sie noch genauer informieren.«

Die beiden reinen Formen der Sinnlichkeit oder auch Anschauungsformen bei Kant sind die Zeit und der Raum. Die Zeit ist die reine Anschauungsform unseres inneren Sinnes, sagt Kant. Erfahrungen sind überhaupt nur möglich, wenn wir sie in eine zeitliche Abfolge bringen. Die Zeit kann damit unmöglich ein empirischer Begriff sein, der sich von unserer Erfahrung oder unseren Erkenntnissen in irgendeiner Weise abtrennen ließe. Ohne zeitliche Abfolge gäbe es gar keine Erfahrungen. Deswegen muss die Zeitvorstellung bereits vor jeder Erfahrung in unserem Inneren vorhanden sein. »Die Zeit ist damit«, sagt Kant in seinen eigenen Worten, »eine notwendige Vorstellung, die allen Anschauungen zugrunde liegt.«

Ganz ähnlich stellt sich die Lage auch in Hinsicht auf den Raum dar. Er verkörpert die reine Anschauungsform unseres äußeren Sinnes. Auch er kann nichts sein, was aus der äußeren Erfahrung stammt. Wäre er eine abstrahierte Eigenschaft unserer Wahrnehmungen, dann müssten unsere Wahrnehmungen auch unabhängig vom Raum vorstellbar sein. Dies jedoch ist offensichtlich unmöglich.

Insgesamt können wir alle Objekte also nur durch diese reinen Sinnesformen erkennen. Das jedoch bedeutet, dass die Objekte unserer Erkenntnis uns stets so erscheinen müssen, wie es unseren Sinnesformen entspricht – und nicht so, wie sie sich vermeintlich unabhängig von diesen darstellen. Wir können, schreibt Kant, »die Objekte nur erkennen, wie sie uns (unseren Sinnen) erscheinen können, nicht wie sie an sich sein mögen«.

Wir können die Objekte immer nur so erkennen, wie sie uns erscheinen, nicht jedoch, wie sie an sich sein mögen.

Zeit und Raum haben somit ausschließlich für Dinge unserer Wahrnehmung Gültigkeit, kommen aber den Dingen an sich nicht zu, zumindest können wir darüber keine Aussagen machen. Da die grundlegenden Sinnesformen, die uns die Welt so erscheinen lassen, wie wir sie wahrnehmen, aus uns selbst stammen, gibt es keine Möglichkeit, sich eine Welt vorzustellen, wie sie unabhängig von unseren Wahrnehmungen aussähe. Das heißt: Unsere Welt ist ausschließlich Erscheinung.

Menschen können die Welt nicht so wahrnehmen, wie sie in Wirklichkeit ist. Hier gibt es keinen Zugang. Wir nehmen die Welt immer nur so wahr, wie sie unseren Sinnen erscheint.

Zur Tätigkeit unserer Sinne gesellt sich nun die Funktion des Verstandes hinzu. Nur er ist schließlich in der Lage, aus dem Rohmaterial der sinnlichen Eindrücke Gegenstände zu denken. Um diesem Prozess auf den Grund zu kommen, muss die Tätigkeit unseres Verstandes untersucht werden, nämlich wie der Verstand aus Anschauungen Begriffe gewinnt und diese Begriffe schließlich zu Urteilen verknüpft.

In dieser Selbstuntersuchung des reinen Verstandes findet Kant seine »Kategorien«, die »reinen Verstandesbegriffe« oder »Grundbegriffe des Erkennens«. Die Anwendung einer Kategorie, so Kant, macht aus einer rein subjektiven Wahrnehmung erst ein objektives Urteil, ein Erfahrungsurteil.

Kant sagt: Alle Dinge auf der Welt sind nach Quantität und Qualität bezeichnet sowie nach ihrer Relation und Modalität. Die wichtigste davon ist die Klassifikation in Ursache und Wirkung. Diese reinen Verstandesbegriffe verarbeiten unsere Sinneseindrücke zu Urteilen über die Erscheinungen der Welt weiter.

Betrachten wir exemplarisch dazu das Kausalitätsgesetz von Ursache und Wirkung. Im Empirismus lässt sich das Kausalitätsprinzip nicht begründen, da es nur dann Geltung haben kann, wenn es immer und ohne Ausnahme gilt, was jedoch der Empirismus mit seinem induktiven Schlussprinzip, von der einzelnen Beobachtung auf das Allgemeine zu schließen, nicht liefern kann. Beim Rationalismus hingegen findet sich keine Erklärung für die Übereinstimmung der reinen Vernunftschlüsse mit der Natur.

Nicht ohne Grund heißt die Erkenntnistheorie auch »Erkenntnislogik«. Denn hier regiert ausschließlich die Logik. Zur Analyse unseres Erkenntnisvorganges steht uns nichts anders als die Logik zur Verfügung. Folglich müssen wir überprüfen, ob die Theorien, die wir aufstellen, in sich logisch konsistent sind, also keine Widersprüche auftauchen, und sicherstellen, dass ihre Aussagen nicht gegen offensichtliche Tatsachen verstoßen. Dies ist insofern problematisch, als sie selbst erst darüber entscheiden, was Tatsachen sind und wie diese Tatsachen aussehen. Genau wie die Zeit- und die Raumvorstellung stammt folglich auch die Logik ausschließlich aus uns selbst.

Bei Kant wird aus der Induktion nun die Deduktion. Das Kausalitätsprinzip, sagt Kant, muss es geben, weil es ansonsten keine strengen Naturgesetze gäbe. An deren Existenz kann es keinen Zweifel geben, wie sich aus der Geltung von Newtons Theorie schließen lässt. Folglich kann das Kausalitätsprinzip nicht, wie von Hume und den Empiristen postuliert, aus unserer Erfahrung, also aus unserer Wahrnehmung der Wirklichkeit stammen, sondern muss dieser vorangehend, also *a priori* sein. Das Kausalitätsprinzip muss vor der Erfahrung liegen. Es ist überhaupt erst die Bedingung, aus willkürlichen Erlebnissen eine allgemeine Erkenntnis und Erfahrung zu formen.

Beim denkenden und verknüpfenden Verstand verhält es sich demnach ganz ähnlich wie bei den Formen der Sinneswahrnehmung, der Zeit und dem Raum: Die objektive Gültigkeit seiner Urteile kommt erst dadurch zustande, dass die entscheidenden Prinzipien nicht aus unserer Wahrnehmung oder Erfahrung stammen, sondern bereits davor existieren. Die Konsequenzen daraus könnten allerdings nicht größer sein. Erweisen sich damit doch nicht nur unsere Wahrnehmungen der Dinge als subjektiv, sondern alle unsere verknüpfenden Gesetze auch. Und das heißt: Auch das Kausalitätsprinzip, also die Vorstellung von Ursache und Wirkung, stammt aus uns selbst. Die Frage, ob die Natur selbst Kausalitäten kennt, bleibt damit nicht zu thematisieren.

Im Endergebnis ergibt sich, dass sowohl unsere Sinne als auch unser Verstand die Wirklichkeit mit ihren Wahrnehmungs- und Erkenntnisformen gleichsam »überformen«. Das heißt: Die Gesetzmäßigkeiten, die wir in der Welt entdecken, liegen in Wirklichkeit nicht in dieser Welt, sondern vielmehr in uns selbst!

Die Gesetzmäßigkeiten unserer Welt liegen in Wirklichkeit nicht in der Welt, sondern ausschließlich in uns selbst.

Für Kant ist klar, dass »die oberste Gesetzmäßigkeit der Natur … in unserem Verstande liegen müsse«, womit es »zwar anfangs befremdlich ist, aber nichtsdestoweniger gewiss, wenn ich sage: der Verstand schöpft seine Gesetze (*a priori*) nicht aus der Natur, sondern schreibt sie dieser vor«.

Das ist Kants berühmte kopernikanische Wende. Den Bezug zu Kopernikus, der unsere Sichtweise mit der Ablösung des alten geozentrischen durch das neue heliozentrische Weltbild in den Grundfesten verändert hat, stellt Kant selbst her, als er schreibt: »Bisher nahm man an, alle unsere Erkenntnis müsse sich nach den Gegenständen richten; aber alle Versuche, über sie *a priori* etwas durch Begriffe auszumachen, wodurch unsere Erkenntnis erweitert würde, gingen unter diesen Voraussetzungen zunichte. Man versuche es daher einmal, ob wir nicht in den Aufgaben der Metaphysik damit besser fortkommen, dass wir annehmen, die Gegenstände müssen sich nach unserer Erkenntnis richten ... Es ist hier eben so, als mit den ersten Gedanken des Kopernikus bewandt, der, nachdem es mit der Erklärung der Himmelsbewegungen nicht gut fort wollte, wenn er annahm, das ganze Sternenheer drehe sich um den Zuschauer, versuchte, ob es nicht besser gelingen möchte, wenn er den Zuschauer sich drehen und dagegen die Sterne in Ruhe ließ.«

In diesem Moment macht das Flugzeug eine weite Rechtskurve, und unter Doktor Leips' Kopf sieht der Lehrer das Wasser der Ostsee aufblitzen. Dahinter endlos lange weiße Sandstrände. Der Lehrer ist gleichermaßen fasziniert von diesem wunderbaren Anblick auf der einen und dem zentralen Punkt von Kants Philosophie auf der anderen Seite.

»Ist Ihnen die Dimension dieser vollständigen Wende unseres Weltverständnisses bewusst, Doktor Leips?«, fragt der Lehrer und verspürt mit einem Mal ein leichtes Unbehagen. Seltsam, denkt er, mir ist doch noch nie im Flugzeug übel geworden. Ein merkwürdiges Gefühl überkommt ihn, dass auf diesem Flug heute irgendetwas anders ist als sonst. Der Lehrer atmet kurz durch und streckt sich, wie um diesen Gedanken loszuwerden, dann widmet er sich wieder seinem Zuhörer.

»Ist Ihnen diese Dimension bewusst? Denn hier ist der Vergleich mit Kopernikus durchaus angebracht.«

Kopernikus hat die zentrale Stellung des Menschen im Universum vernichtet. Betrachtete sich der Mensch vorher auf seiner Erde als der ruhende Mittelpunkt des gesamten Weltensystems, welches sich um ihn herum gruppierte und drehte, so wurde er durch die Behauptung, dass die Sonne das Zentrum bilde, in seiner Position in unsäglicher Weise herabgesetzt. Sigmund Freud hat das später einmal als die erste große Kränkung des Menschen bezeichnet, als seine »kosmologische Kränkung«.

Und nun kommt Kant und führt einen ebenso gravierenden Perspektivenwechsel herbei. Wenn wir davon ausgehen, dass sich unsere Erkenntnis nach den Dingen richtet, die wir zu erkennen trachten, sagt er, dann kommen wir ebenso wenig weiter wie bei der Postulierung der Erde als Zentrum des Universums. Wenn wir jedoch den Menschen nicht als starr auffassen, nicht als unbewegliche *Tabula rasa*, auf die von außen etwas geschrieben wird, sondern ihn vielmehr als beweglichen Akteur verstehen, als Schaffenden seiner Welt, dann klappt es plötzlich.

Es läuft also im gleichen Muster ab wie bei Kopernikus – nur andersherum. Denn bei Kant ist der erkennende Mensch auf einmal kein passiver Trabant mehr, auf den das ihn umgebende Geschehen einwirkt, der Mensch ist vielmehr das Zentrum, der Ausgangspunkt und der Endpunkt des Erkenntnisprozesses und damit die

Instanz, die festlegt, wie die Dinge ihm erscheinen: Nicht die Erkenntnis richtet sich nach den Dingen, sondern vielmehr genau andersherum, die Dinge müssen sich nach unserer Erkenntnis richten. Wir Menschen sind zwar kosmologisch nicht der ruhende Mittelpunkt des Sonnensystems, erkenntnistheoretisch hingegen stellen wir jedoch exakt das dar – den Mittelpunkt unserer Welt und unseres Universums. Und das bedeutet natürlich eine deutliche Aufwertung des Menschen nach der zuvor erlittenen kosmologischen Kränkung.

Nicht die Erkenntnis richtet sich nach den Dingen, sondern die Dinge richten sich nach unserer Erkennnis.

»Aber was ist mit den praktischen Anwendungen dieser Erkenntnisse Kants?«, will Doktor Leips jetzt wissen. »Bei Kopernikus ist es deutlich, welche Auswirkungen seine Forschungsergebnisse hatten. Wir sagen zwar auch weiterhin stets »Die Sonne geht auf« und »Die Sonne geht unter«, aber wir wissen, dass das eigentlich falsch ist, wir damit also unpräzise sind. Wenn es darauf ankommt, dann können wir auch anders. Kopernikus hat uns ein Wissen ermöglicht, das uns vorher nicht zur Verfügung stand. Denn auf Basis des geozentrischen Weltbildes hätten wir niemals Raumfahrt betreiben können. Aber was folgt nun konkret aus Kant?«

Der Lehrer lächelt etwas verlegen. »Die Veränderungen durch Kant sind in ihren konkret fassbaren Folgen nicht so gravierend. Deswegen ist Kant auch bis heute hinsichtlich seiner Erkenntnistheorie weitgehend unbeachtet. Das hat selbstverständlich auch viel mit der Entwicklung der Wissenschaften selbst zu tun. Schließlich hat Kopernikus eine naturwissenschaftliche Theorie aufgestellt, über deren Wahrheit oder Falschheit man durch Messungen eindeutig entscheiden kann, wohingegen in der Erkenntnistheorie weder Messungen noch ähnliche objektive Überprüfungsverfahren existieren. Dennoch glaube ich, dass Kants Ergebnisse denen von Kopernikus in ihrer Bedeutung kaum nachstehen. Sie beziehen sich nur auf eine völlig andere Ebene, nämlich auf diejenige unseres Geistes und unseres Denkens.«

Der Lehrer legt seine Hand auf Doktor Leips' Arm und fügt hinzu: »Und genau dort sind wir als Unternehmer und Manager doch zuhause – oder? Wir sind doch eher Denker und Geistesarbeiter als Naturwissenschaftler. Deswegen sollte uns Kant wohl auch näher liegen als Kopernikus.«

»Durchaus faszinierend, das Ganze«, entgegnet Doktor Leips: »Der Mensch im Mittelpunkt seiner Welt und als Former und Lenker seiner Umwelt.«

Der Lehrer nickt. »Hier sehen Sie ganz deutlich, wie Kant jeden Einzelnen in die Verantwortung nimmt, aktiv an den Dingen zu arbeiten und seine Welt zu gestalten.«

»Ja, tatsächlich, alles scheint möglich zu sein«, murmelt Doktor Leips versonnen, und der Lehrer überlegt, was er damit wohl meinen könnte. Ob das etwas mit dem merkwürdigen Gefühl zu tun haben könnte, das er jetzt schon seit einiger Zeit spürt?

5

Kant und die Folgen

Kant zeigt uns auf, was unsere Theorien über die Welt in Wahrheit sind: keine Abbildungen der Wirklichkeit, sondern stets und immer nur Konstruktionen unseres Verstandes. Folglich können sie nicht an der Wirklichkeit getestet, sondern ausschließlich durch Prüfung möglicher Widersprüche sowie Verstöße gegen wenige »gesicherte« Beobachtungen auf ihre innere Stimmigkeit untersucht werden. Die Wahrheit aller unserer wissenschaftlichen Theorien lässt sich also nur indirekt überprüfen.

Aber auch für eine instrumentelle Auslegung, gleichsam den Einsatz von Managementinstrumenten, lässt sich von Kant lernen. Dazu muss man Kant allerdings sehr frei interpretieren und bewusst über ihn hinausgehen: Wenn das Weltbild, das wir haben, von uns selbst gemacht ist, dann kann man prinzipiell behaupten: Die Welt ist mit großer Wahrscheinlichkeit nicht so, wie sie uns erscheint. Aus dieser logischen Positionierung können wir Folgendes ableiten: Was wir selbst gemacht haben, das können wir auch wieder ändern. Unser Weltbild ist formbar. Das kann eine große Chance sein. Und: Aus der generellen Beschränkung unseres Erkenntnisvermögens können Toleranz und Offenheit für ein Andersdenken und für das Neue erwachsen.

Kants Theorie als Erkenntnismuster und Instrument der logischen Positionierung:

(1)

Was wir selbst gemacht haben, können wir auch wieder ändern.

(2)

Unser Weltbild ist formbar. Das kann eine große Chance sein.

(3)

Aus der generellen Beschränkung unseres Erkenntnisvermögens können einerseits Toleranz und Offenheit für ein Andersdenken und für das Neue erwachsen.

Ganz ähnlich sieht es beim Thema Gott aus. Kant sagt: Der Begriff »Gott« ist ein Ideal der Vernunft. Doch so wie alle Gegenstände und Ideen auch ist Gott unerkennbar. Kant zeigt auf, dass man das Dasein Gottes nicht beweisen, aber auch nicht widerlegen kann. Aus diesem Grunde ist Platz für den Glauben geschaffen. Man kann an Gott glauben oder nicht. Aber man kann weder beweisen, dass es ihn gibt, noch kann man beweisen, dass es ihn nicht gibt. »Ich musste also das Wissen aufheben, um zum Glauben Platz zu bekommen«, sagt Kant.

Das Wissen aufheben,
um Platz für den Glauben zu bekommen!
Jeder Sinn ist zwangsläufig immer
ein menschlicher Sinn.

Kant zieht eine radikale Grenze zwischen dem Bereich, in dem wir selbst strukturierend tätig sind und die Wirklichkeit uns in überprüfbarer Form als Erscheinung unserer Sinne und unseres Wissen zur Verfügung steht, und den Dingen, bei denen wir uns mit Spekulationen oder Glauben begnügen müssen.

»Das klingt überzeugend«, stellt Doktor Leips fest, »wenn sich das nur all die religiösen Fanatiker weltweit einmal klarmachen würden.«

»Tja«, entgegnet der Lehrer resigniert, »das ist eben der Unterschied zwischen Theorie und Praxis.« Dann greift er in seine Jacketttasche und zieht die Titelseite einer Tageszeitung hervor: »Schauen Sie, hier habe ich gutes Anschauungsmaterial. Das ist mir gerade untergekommen, als ich mich auf unser Gespräch vorbereitet habe. Es zeigt, wie man als Kant-Anhänger trefflich in der Lage ist, eine Grenze zwischen dem zu ziehen, was auf festem Boden steht, und dem, für das dies nicht gilt. Und wie leicht sich nicht nur die Öffentlichkeit, sondern selbst die Experten blenden lassen, ohne selbst nachzudenken.

In der Überschrift steht: *Die klügste Frau der Welt*, und hier findet sich ein Interview mit ihr. Nach eigenen Angaben sucht sie an den Grenzen der Erkenntnis nach Antworten auf die großen offenen Fragen der Kosmologie und Teilchenphysik, und auf die Frage, was sie bei ihrer Arbeit am meisten fasziniere, antwortet sie: ›Die Idee, dass es unendlich viele Extradimensionen des Raumes geben könnte, die wir normalerweise nicht sehen ... Ja, ich denke wirklich, dass es mehr als drei Dimensionen gibt. Nur weil wir nicht in der Lage sind, mehr als drei Dimensionen wahrzunehmen, muss dies noch lange nicht bedeuten, dass es sie nicht gibt.‹

Wir als Kant-Schüler erkennen sofort: Auch die vermeintlich klügste Frau der Welt ist vor Irrtümern nicht gefeit. Möglicherweise ist sie auf ihrem Spezialgebiet eine Koryphäe, doch von den Grundprinzipien hat sie keine Ahnung. Sie weiß offenbar nicht, dass sie nur im Raum von Theorien operiert. Sie hält das, was ausschließlich unsere Vorstellung ist, für einen realen Aspekt der Wirklichkeit. Und wenn wir dann mit drei Dimensionen scheitern, sagt sie, dann müsse die Wirklichkeit eben mehr Dimensionen haben. Doch ob es in der Wirklichkeit überhaupt Dimensionen gibt, darüber können wir – wie über das Dasein Gottes – nur spekulieren, weil Dimensionen eben eine rein menschliche Vorstellung sind.

Das Scheitern unserer physikalischen Theorien ist daher viel gravierender, als die Dame das sieht: Es fehlen nicht nur ein paar Dimensionen, um die Wirklichkeit angemessen erklären oder beschreiben zu können, sondern unser ganzes Weltbild ist grundfalsch. Es stellt eine vorübergehend und in Teilen funktionierende Hypothese dar, mehr aber nicht. Und daher ist es nicht schwer, vorauszusagen, dass unsere Vorstellungen irgendwann wieder einer Revolution unterliegen werden.

Der nächste Kopernikus ist mit großer Wahrscheinlichkeit nicht mehr weit entfernt. Irgendwann werden wir merken, dass zentrale Grundannahmen unseres Weltbildes falsch sind und mit einer neuen Theorie deutlich besser erklärt werden können. Dann werden alle arrivierten Leute die Welt nicht mehr verstehen, vielleicht auch nach neuen Scheiterhaufen rufen. Wer aber die Erkenntnis Kants nachvollzogen hat, wird darauf vorbereitet sein und ganz ruhig bleiben.«

So macht Kants Lehre auch mit den Mechanismen des Scheiterns und des Neuanfangs vertraut, denn sie verkörpert den Grundsatz, demütig zu bleiben und zu realisieren, dass wir mit unserem Wissen nicht die Gesetze der Natur entschlüsselt, sondern bis auf weiteres ein funktionierendes Werkzeug gebaut haben. Ganz wie es Gottfried Benn in seinen »Lebensmaximen« so schön gesagt hat: »Erkenne die Lage! Rechne mit deinen Defekten, gehe von deinen Beständen aus, nicht von deinen Parolen.«

»Das klingt nach einer sehr vernünftigen Strategie«, findet Doktor Leips. »Immer das Soll und Haben im Blick behalten, und dabei im Kopf offen für alles Neue bleiben. Die eigene Freiheit niemals aufgeben. Die Frage ist jedoch«, fügt er, erneut lächelnd, hinzu, »ob wir tatsächlich so frei sind, wie wir glauben.«

Der Lehrer überlegt einen Moment, wie Doktor Leips diese Anspielung wohl gemeint haben könnte, sagt dann aber nichts. Sicher ist das nicht auf Kant gemünzt, denkt er, sondern reflektiert eher den Büroalltag, in dem einem die Kantschen Prinzipien im Eifer des Gefechts wirklich oft genug verloren gehen konnten. Das weiß der Lehrer aus eigener Anschauung nur zu gut.

Kant hat mit seiner Erkenntnislogik, nach der uns die Welt zwangsläufig so erscheinen muss, wie es unseren eigenen Wahrnehmungs- und Erkenntnisformen entspricht, insofern Endgültiges geliefert, als dass sie auch durch neueste philosophische und wissenschaftliche Fortschritte nicht veränderbar ist. Inhaltlich hat sich seit Kants Zeiten jedoch viel getan.

Kant leitet alle menschlichen Verstandesprinzipien vor dem Hintergrund der Wahrheit der

Newtonschen Himmelsmechanik ab. Heute jedoch zeigt sich, dass die Newtonsche Theorie nur einen Spezialfall der Einsteinschen Relativitätstheorie darstellt. Die apodiktische Gültigkeit der Newtonschen Prinzipien ist damit nicht mehr gegeben – und Kants Deduktion der Verstandesprinzipien kann keinen Anspruch auf Vollständigkeit und Richtigkeit erheben, was jedoch dem Prinzip seiner Erkenntnislogik keinen Abbruch tut.

Hinzu kommt: Was Kant durchführt, ist die Selbstuntersuchung des menschlichen Verstandes durch einen menschlichen Verstand. Da wir aber wissen, dass jede Erkenntnis sich stets aus Subjekt und Objekt zusammensetzt, muss sich der Verstand bei dieser Operation gewissermaßen in zwei Instanzen aufspalten – in die Instanz, die erkennt, also das Subjekt, und in diejenige, die erkannt werden soll, also das Objekt. Dadurch jedoch ist es schon von der Logik her unmöglich, dass der Verstand sich als erkennende Instanz vollständig selbst erkennt, weil er keinesfalls gleichzeitig Subjekt und Objekt verkörpern kann.

Hier ist es wie mit dem Auge, mit dem man sieht, das man selbst aber nicht sehen kann, ebenso wenig, wie sich der Mechanismus des Sehens erkennen lässt. Dagegen könnte man natürlich einwenden, man könne das Auge im Spiegel sehen. Doch dieser Einwand trifft nicht, denn wir wissen ja, wie ein Spiegel funktioniert. Beim Erschließen unserer eigenen Verstandesformen aber wissen wir das keinesfalls. Hier kennen wir nur das Spiegelbild, niemals jedoch das Original.

Man kann also das Fazit ziehen: Kants Selbstuntersuchung des menschlichen Verstandes kann keinen Anspruch auf Vollständigkeit und Richtigkeit anmelden. Ein Zirkelschluss lässt sich zudem nicht vermeiden, wenn man einerseits die menschliche Verstandesoperation an der Newtonschen Theorie ausgerichtet hat und andererseits mit dem Gefundenen das Vorausgesetzte wieder beweisen will. Und dennoch: Wenn wir überhaupt etwas erkennen wollen, dann nur in den Formen, Begriffen und Operationen, die aus uns selbst stammen. Daran ist auch heute nicht zu rütteln. Wie die Welt an sich und außerhalb unserer Wahrnehmungs- und Verstandesformen aussieht, wie also eine Erkenntnis ohne erkennendes Subjekt aussehen sollte, kann und wird niemals ein Mensch erfahren. Das ist endgültig.

»Wie das klingt – das sei endgültig«, wundert sich Doktor Leips. »Was ist denn schon endgültig?« Diesmal ist das leicht spöttische Lächeln auf seinem Gesicht unübersehbar: »Sind Sie da wirklich sicher in Ihrem Urteil? Es gibt doch kein Ende der Geschichte, die Entwicklung geht immer weiter und niemand kann sie vorhersehen. Das wissen wir Manager ja nun wirklich nur zu gut. Nichts in der Welt ist endgültig. Und Sie haben es doch selbst gesagt, der nächste Kopernikus kommt sicher bald.«

»Da haben Sie Recht«, erwidert der Lehrer voll Leidenschaft. »Keine Entwicklung ist jemals vorherzusehen. Doch hier geht es ja nicht um die Entwicklung, sondern ausschließlich um die Logik. Die Logik ist unsere Denkform. Unser Denken entwickelt sich zwar weiter, aber nicht unsere Denkform, die Logik. Die Logik ist ein gleich in zweifacher Hinsicht statisches Gebilde, das einerseits ausschließlich das »Sein« und nicht das »Werden« der Dinge aufzeigt – und andererseits in seinen Grundzügen selbst ebenfalls keiner Entwicklung unterliegt.«

Der Lehrer setzt sich aufrecht hin und sagt mit großem Ernst: »Kants Erkenntnislogik könnte nur dann ungültig werden, wenn unsere Logik und damit unser Denken selbst sich verändern würde. Doch da wir heute nicht denken können, ob wir einmal anders denken werden, als wir heute denken, können wir darüber nichts sagen. Und selbst wenn es paradox klingt: Bis dahin ist Kants Theorie endgültig.«

Was ist es nur, was Doktor Leips auch hier wieder zum Lächeln bringt, fragt sich der Lehrer. Irgendetwas führt er doch im Schilde?

6

Kant und die Aufklärung

Etwas ganz anderes als die logische Form stellen die Inhalte unseres Denkens dar. Sie sind jederzeit und permanent der Entwicklung zugänglich, wie man es im Unternehmen an jedem Tag von neuem erleben kann. Hier können wir uns selbst, um es mit Kant auszudrücken, »aus unserem selbstverschuldeten Schlummer« wecken. Aus diesem Grunde ist Kant auch ein so überzeugter Anhänger der zum Ende des 17. Jahrhunderts einsetzenden Aufklärungsbewegung.

»Aufklärung«, definiert Kant, »ist der Ausgang des Menschen aus seiner selbstverschuldeten Unmündigkeit. Unmündigkeit ist das Unvermögen, sich seines Verstandes ohne Leitung eines anderen zu bedienen. Selbstverschuldet ist dies Unmündigkeit, wenn die Ursache derselben nicht am Mangel des Verstandes, sondern der Entschließung und des Mutes liegt, sich seiner ohne Leitung eines anderen zu bedienen. Sapere aude! Habe Mut, dich deines eigenen Verstandes zu bedienen! ist also der Wahlspruch der Aufklärung ... Selbstdenken heißt, den obersten Probierstein der Wahrheit in sich selbst (das ist in seiner eigenen Vernunft) zu suchen; und die Maxime, jederzeit selbst zu denken, ist Aufklärung ... Aufgeklärt sein heißt: selbst denken, den obersten Probierstein der Wahrheit meines Urteils, den Grund des Führwahrhaltens (denn ich muss es verantworten) in sich selbst suchen.«

Das öffentliche und gesellschaftliche Leben der damaligen Zeit bietet aus Kants Sicht ein trauriges Bild. Überall beobachtet er Unmündigkeit. Die meisten, sagt Kant, glauben das, was ihnen gesagt wird oder was sie in den Büchern finden, ohne selbst einmal gründlich darüber nachzudenken. Es ist ja auch durchaus bequem, unmündig zu sein, denkt Kant. Doch er setzt dem die Sichtweise des Selbstdenkens und der Selbstverantwortung entgegen: Ich muss mein Urteil selbst verantworten! Die Gesellschaft kann mir das nicht abnehmen! Ich bin für meine Taten und Entscheidungen sowie für alle Folgen, die sich daraus ergeben, stets alleine verantwortlich!

Aufklärung ist der Ausgang des Menschen aus seiner selbstverschuldeten Unmündigkeit.

In Bezug auf die Selbstverantwortung der eigenen Taten stellt Kants Sichtweise sicherlich ein Non-plus-ultra dar. Doch die Propagierung des Selbstdenkens ist nicht ohne Probleme. Man schaue sich in diesem Zusammenhang nur einmal die Fülle an absurden Theorien und Weltanschauungen an, die zum Beispiel im Internet im Namen des Selbstdenkens vertreten werden.

Ich muss alle meine Entscheidungen und deren Konsequenzen selbst verantworten.

Das dortige Denken kann sich zwar nicht auf den Kantschen Verstand und auf Kants Vernunft berufen, doch die zunehmenden Möglichkeiten der Propagierung des Selbstdenkens führen mitunter ab vom Weg des reinen Verstandes und der reinen Vernunft. Damit ist jedoch nicht das letzte Wort gesprochen: Erst die Freiheit des Selbstdenkens, die uns sowohl Recht als auch Pflicht ist, mündet letztlich in die Unterscheidung von Wahrheit und Lüge, von richtig und falsch.

Unser Denken steht unter dem Einfluss seiner Zeit und wandelt sich mit dieser. So wurden die Ausführungen des Kopernikus zum heliozentrischen Weltbild zu seinen Lebzeiten für die Hirngespinste eines Spinners gehalten. Womöglich ein Glück für ihn, ansonsten wäre Kopernikus vielleicht ebenso wegen Ketzerei auf dem Scheiterhaufen gestorben wie später Giordano Bruno.

Erst als Galileo Galilei einige Jahrzehnte später Kopernikus' Rechenmodell mit Beobachtungsdaten anfüllen konnte, ergaben sich unleugbare Argumente für die Sinnhaftigkeit der These von der Sonne als Gravitationszentrum. Was Galilei konsequenterweise ein Verfahren der Inquisition einbrachte. Doch noch viel wichtiger: Jetzt wurde die These überprüfbar. Das heliozentrische Weltbild konnte plötzlich anhand von Daten, die uns unsere Sinne liefern, belegt werden. Durch Beobachtungen der Planetenbewegungen mit dem Fernrohr ließ sich nun zeigen, dass sich ein stimmiges Bild nur dann ergab, wenn man annahm, das ganze Geschehen zirkuliere um die Sonne und nicht um die Erde.

Der Unsinn lässt sich also durch Überprüfung ausschließen. Sollten Kernaussagen eines Paradigmas mit den Beobachtungen in Widerstreit geraten, dann kann etwas an diesem Paradigma nicht stimmen. Die Freiheit erfordert, dass jeder sagen kann, was er denkt. Doch als wahr kann nur gelten, was sich auch in irgendeiner Weise überprüfen lässt. Das jedoch heißt: Bei Kant wird aus der Objektivität der Dinge an sich die Intersubjektivität von Erscheinungen, die sich für alle Menschen in der gleichen Weise (als Erscheinung) darstellen. Die Gleichartigkeit der Gesetze der Natur kommt nicht aus der Natur selbst, sondern aus der Gleichartigkeit der Denkgesetze der Menschen.

Im Bordlautsprecher knackst es. »Meine sehr verehrten Damen und Herren, hier spricht noch einmal Ihr Flugkapitän. Rechts unter uns sehen Sie jetzt Gdansk, das frühere Danzig. Leider muss ich ihnen mitteilen, dass wir ein kleines technisches

Problem im Cockpit haben. Aus Sicherheitsgründen werden wir eine ungeplante Zwischenlandung einlegen und gehen bald in den Sinkflug über. Ich betone, es handelt sich um eine reine Vorsichtsmaßnahme, es besteht kein Anlass zur Sorge.«

»Ach, du meine Güte!« Dem Lehrer wird es nun wirklich unbehaglich zumute. Besorgt schaut er zu Doktor Leips hinüber, der ganz entspannt in seinem Sitz zurückgelehnt dasitzt.

»Aber, aber, mein Lieber, Sie haben doch nicht etwa Angst? Sie müssen eben die Vorteile sehen«, witzelt Doktor Leips. »Dann haben wir noch ein bisschen mehr Zeit, um über Kant zu reden.«

»Das klingt ja fast so, als ob Sie sich darüber freuen«, gibt der Lehrer ungehalten zurück. »Und wenn wir nun abstürzen?«

»Bleiben wir doch als Kantianer lieber vernünftig!«, lacht Doktor Leips. »Das ist reine Routine, was wir hier erleben, eine ungeplante Zwischenlandung, nichts weiter. Sie werden sehen.«

Der Lehrer weiß nicht mehr, was er glauben soll. Bei Kant ist er klar der Herr des Verfahrens, doch was passiert hier? Der Lehrer schließt die Augen und versucht sich vorzustellen, wo sich das Flugzeug gerade befindet. Wenn man etwa auf der Höhe von Danzig mit dem Sinkflug beginnt, würde man dann nicht direkt bei Kant landen? Führt das nicht alles nach Kaliningrad, dem ehemaligen Königsberg hin, dem Lebensmittelpunkt und der Wirkungsstätte von Immanuel Kant? Wie mysteriös.

Plötzlich vermeint der Lehrer, zwei Gestalten zu sehen. Beide Männer tragen Perücken, sind in Gehröcke gekleidet und spazieren durch eine Stadt. Pferdewagen rattern über das Pflaster, und an einer Hauswand kauert ein Bettler, dem ein Bein fehlt. Doch die beiden Männer gehen ungerührt weiter.

»Ich sage es doch, es existiert kein Weg zum Ding an sich«, sagt der kleinere der beiden.

»Objektivität kann also nicht heißen ›Übereinstimmung mit den Dingen an sich‹?«, fragt der andere zurück. »Doch was dann? Müssen wir dann ganz auf jegliche Objektivität verzichten?«

Erschrocken zuckt der Lehrer zusammen und reißt die Augen auf. Die Worte des Mannes klingen in seinen Ohren nach. Neben sich sieht er völlig unverändert Doktor Leips sitzen; sie waren also immer noch im Flugzeug. Eine Einbildung, ein kurzer Traum, das musste es gewesen sein. Jetzt nur schnell die Gedanken wieder bündeln. Wo war er stehen geblieben? Richtig, bei der Objektivität. Was bei Kant unter der objektiven Wahrnehmung der Dinge zu verstehen ist.

7

Aus Objektivität wird Intersubjektivität

»Objektiv«, schreibt Kant, »bedeutet für alle (menschlichen) Subjekte in gleicher Weise gültig und zugleich für die Objekte als Gegenstände möglicher Erfahrung (Erscheinungen) gültig, obzwar den Dingen an sich nicht zukommend und subjektiv.« Kant verändert damit das Verständnis von Objektivität signifikant: Verstand man vor ihm unter »objektiv« stets das, was vermeintlich wahrheitsgetreu mit den Dingen übereinstimmte, wie sie sich unabhängig vom Menschen darstellen, so zeigte Kant, dass eine derartige Position niemals erreichbar ist. Und dennoch muss Kant nicht auf die Objektivität verzichten, ganz im Gegenteil. Doch bezieht sich diese Objektivität nicht mehr auf die Dinge an sich, sondern auf deren Wahrnehmung und Erkennen durch uns Menschen.

Objektiv ist bei Kant das, was für alle Menschen in identischer Weise gültig ist, weil es von allen Menschen gleich wahrgenommen und durch die gleichen (apriorischen) Verstandes- und Vernunftoperationen erkannt wird. Man kann daher mit gutem Grund sagen, dass bei Kant der Begriff »Objektivität« im Grunde genommen »Intersubjektivität« bedeutet.

Objektiv ist, was für alle Menschen identisch gültig ist, weil es von allen Menschen gleich wahrgenommen und erkannt wird. So wird die »Objektivität« zur »Intersubjektivität«.

Kant ist durchaus ein radikaler Subjektivist, der alles, was wahr ist, stets am Subjekt festmacht und bei dem es eine Objektivität ohne erkennende Subjekte folglich niemals geben könnte. Doch dieser Subjektivismus trägt stets die Fessel der Intersubjektivität, nach der nur das wahr sein kann, was für alle Menschen in der gleichen Weise wahr erscheint. Bei Kant besteht das Kriterium, ob etwas richtig oder falsch ist, nicht darin, ob es mit den Dingen da draußen auch ohne unsere Wahrnehmung übereinstimmt, sondern ob es für alle Menschen in gleicher Weise gültig ist.

Wichtig ist somit nicht, ob alle Menschen etwas in bestimmter Weise empfinden oder begreifen, denn dann würde subjektive Willkür regieren, sondern dass ihnen die Dinge aufgrund ihrer angeborenen apriorischen Sinnes- und Verstandeskategorien stets gleich erscheinen. Hier ist alles Erscheinung und nichts Ding an sich, weil wir hinter die Wahrnehmung nicht zurückgehen können. Und das gilt folglich auch für das Konzept der Wahrheit. Wahr kann daher bei Kant nur das sein, was allen Menschen gleich erscheint. Wahr ist, was widerspruchslos gedacht werden kann, was also den Denkgesetzen nicht widerspricht, und sich zudem in der Wahrnehmung wiederfinden lässt.

Wahr ist,
was widerspruchslos gedacht werden kann,
und sich zudem in der Wahrnehmung
wiederfinden lässt.

Unsere ganze Erkenntnis ist also vom Menschen gemacht. Wenn man es sehr frei ausdrückt, kann man daher auch sagen: Wir sollten uns nicht so viel aufschwatzen lassen über Dinge, die jenseits des Überprüfbaren liegen. Eigenes Nachdenken kann nie schaden. Denn nicht nur die Zukunft, sondern auch die Gegenwart ist offen. Die Welt hält viel mehr Überraschungen bereit, als wir uns das gemeinhin träumen lassen.

- ***Unsere ganze Erkenntnis ist vom Menschen gemacht.***
- ***Wir sollten uns nichts aufschwatzen lassen, was nicht überprüfbar ist.***
- ***Eigenes Nachdenken kann nie schaden. Nicht nur die Zukunft, sondern auch die Gegenwart ist offen.***
- ***Die Welt hält viel mehr Überraschungen bereit, als wir uns das gemeinhin träumen lassen.***

»Intersubjektivität hört sich gut an«, bestätigt Doktor Leips, während das Flugzeug in einen steilen Sinkflug übergeht. »Wenn die Wahrheit vom Menschen gemacht ist, dann stehen uns wirklich alle Möglichkeiten offen – die Gegenwart ist formbar. Ein erhebender Gedanke.«

»Und ein erhebendes Gefühl, mitten in einem Flugzeugabsturz über Kant zu philosophieren«, murmelt der Lehrer und lächelt nun seinerseits kurz, obwohl ihm eigentlich nicht zum Lachen zumute ist. Gleich darauf jedoch hebt er den Zeigefinger und sagt laut: »Sie haben Recht. Aber wenn wir schon von wahr und falsch sprechen, dann dürfen wir auch gut und böse nicht vergessen. Was uns jetzt noch fehlt, sind die Moral und die Ethik. Aber das schaffen wir noch bis zum Aufprall.«

»Mein lieber Lehrer«, entgegnet Doktor Leips geduldig, »ich garantiere Ihnen, wir werden nicht abstürzen. Also los.«

»Also los«, bestätigt der Lehrer, doch der Gedanke, dass an Bord dieses Flugzeuges etwas Mysteriöses vor sich geht, nagt weiter an ihm. Wie könnte Doktor Leips sonst garantieren, dass das Flugzeug nicht abstürzt? Doch eine Frage der Moral ist dies sicher nicht – und darum soll es jetzt schließlich gehen.

8

Moral und Ethik

Die Grundfragen jeder Untersuchung von Moral und Ethik müssen lauten: Was kann man als gut bezeichnen? Und wie lässt sich das Gute vom Schlechten scheiden? Auch hier geht es wieder um das Transformieren subjektiven Denkens und Handelns in objektive Kategorien.

Das Problem allen moralischen und ethischen Handelns ist, dass dabei – ökonomisch betrachtet – beim Einzelnen Kosten anfallen, denen kein direkt zählbarer Ertrag gegenübersteht. Kant unterscheidet denn auch zwischen dem, was einen Preis hat, und dem, was einen »inneren Wert, das ist Würde, besitzt«. Oscar Wildes schönes Bonmot »Heutzutage kennen die Leute von allem den Preis und von nichts den Wert« basiert somit grundsätzlich auf Kant. Den inneren Wert oder die Würde zu bewerten, ist jedoch unmöglich, wie wir als Marktwirtschaftler aus anderen Kontexten allzu gut wissen.

Eine Bewertung wäre nur möglich, wenn es eine absolute Größe gäbe, zu der sich die Werte in Relation setzen ließen, ganz analog zu einem Gott, der den Menschen die Maßstäbe setzt. Solch eine Instanz kann es bei Kant jedoch nicht geben, da hier jedes Warum und jeder Sinn ebenso wie die Grundformen des Wahrnehmens und Erkennens stets ausschließlich in uns selbst liegen. Sinn ergeben oder keinen Sinn ergeben kann etwas immer nur für uns Menschen. Außerhalb von uns gibt es keinen Sinn.

Wie kann man nun auch ohne die Idee eines Gottes einen festen Rahmen für Moral, Ethik und Sittengesetze finden? Dieser Rahmen darf sich – ebenso wenig wie die reine Erkenntnis – auf Erfahrung gründen, sondern muss dieser *a priori* sein. In der Erkenntnistheorie gibt es mit der Newtonschen Himmelsmechanik diese feste Verankerung, im Bereich des Moralischen und Ethischen existiert jedoch nichts Vergleichbares. Was also tun?

Kants Ziel muss es sein, Prinzipien zu ergründen, die nichts Empirisches an sich haben, sondern das Produkt einer rein logischen Notwendigkeit sein müssen. Gesucht ist die Antwort auf eine Frage der folgenden Art: Wie ist eine »gute« Gesellschaft der Menschen möglich, in der man sich gegenseitig achtet und sich nicht die Köpfe einschlägt? Bei allen Moralüberlegungen – den Kategorischen Imperativ explizit eingeschlossen – darf man Kant keinesfalls empirisch verstehen, dies also als Fragestellung an die bestehende Wirklichkeit sehen. Sondern man muss fragen: Wie müsste die Gesellschaft sein?

Kants Ziel ist »die Aufsuchung und Festsetzung des obersten Prinzips der Moralität«, wobei für ihn klar ist, »dass die sittlichen Prinzipien nicht auf die Eigenheiten der menschlichen Natur gegründet, sondern für sich *a priori* bestehend sein müssen«. Die Antwort darauf mündet zwangsläufig in den Kategorischen Imperativ: »Handle nur nach derjenigen Maxime, von der du zugleich wollen kannst, dass sie ein allgemeines Gesetz werde.« Denn damit passt plötzlich alles wie aus einem Guss, stellt dieser doch eine rein formale allgemeingültige Willensmaxime dar, die ein unbedingtes Sollen ausdrückt und eine absolute Forderung der Vernunft darstellt.

Besäße die menschliche Vernunft das Vermögen, den Willen vollständig zu bestimmen, so entspräche das von der Vernunft objektiv für moralisch gut Erkannte letztlich auch dem, was wir tun und wie wir handeln würden. Doch der Mensch schöpft die Bestimmungsprinzipien seines Willens nicht allein aus der Vernunft. Die Sittengesetze gelten insgesamt daher nur, sagt Kant, »sofern sie als *a priori* gegründet notwendig eingesehen werden können«. Und ob das der Fall ist, davon mag sich jeder sein eigenes Bild machen.

***Handle nur nach derjenigen Maxime,
von der du zugleich wollen kannst,
dass sie ein allgemeines Gesetz werde.***

Im Grunde genommen findet sich das, was Kant mit dem Kategorischen Imperativ meint, auch sehr gut in der goldenen Regel des Volksmunds wieder: »Was du nicht willst, das man dir tu, das füg' auch keinem andern zu!« Das ist gleichsam die spezielle Version und auf den Einzelnen bezogene Variante des allgemeinen Kategorischen Imperativs.

Oder wir treffen diese Maxime in der Wirtschaftswelt an, wenn etwa in Verhandlungssituationen mit Kunden oder Mitarbeitern die Win-win-Strategie verfolgt wird. Und besonders innerhalb des Unternehmens sollte Personalverantwortlichen und Führungskräften diese Grundregel stets präsent sein. Schließlich ist etwa das Thema Mobbing durchaus keine persönliche Bagatelle unter Kollegen, sondern ein ernsthaftes Problem mit nicht zu unterschätzenden ökonomischen Folgen.

»Das klingt ja wie Musik in meinen Ohren«, schwärmt Doktor Leips. »Man könnte fast meinen, es sei direkt aus einem Managementbuch entnommen.«

»Das ist es doch auch«, entgegnet der Lehrer kurz und verzieht keine Miene. Wenigstens hat er diesen Scherz noch auf seiner Seite.

»Meine sehr verehrten Damen und Herren, sicherlich haben Sie unseren Sinkflug bemerkt. Wir haben gerade die Erlaubnis bekommen, in Kürze in Kaliningrad zwischenzulanden, um unser technisches Problem überprüfen zu lassen.«

»Was für ein Zufall. Wir und unser Kant. Als ob Sie es so geplant hätten, mein lieber Lehrer.«

»Was, ich?«, entrüstet sich der Lehrer. »Ich dachte, Sie!«

»Was meinen Sie denn damit?«, will Doktor Leips wissen.

»Ach, lassen wir es.« Der Lehrer winkt müde ab. Vielleicht sind das ja wirklich alles nur Zufälle, denkt er. Warum sollte gerade er als Kant-Anhänger an irgendwelche Mysterien und Verschwörungen glauben? Kant selbst hatte sich zwar zu früheren Zeiten auch mit metaphysischen Träumen und Geistersehereien beschäftigt, diesen jedoch bald den Rücken gekehrt und anschließend sehr erfolgreich den Weg der Kritik beschritten, der da heißt: Glaube nichts unbesehen, hinterfrage und erkunde alles, überprüfe alles, was du gefunden hast, am eigenen Verstand und an der eigenen Ver-

Glaube nichts unbesehen, hinterfrage und erkunde alles, überprüfe alles, was du gefunden hast, am eigenen Verstand und an der eigenen Vernunft, denn du verantwortest Deine Entscheidungen. Denke frei und ohne Grenzen, die Gegenwart ist offen und gestaltbar.

nunft, denn du verantwortest Deine Entscheidungen. Denke frei und ohne Grenzen, die Gegenwart ist offen und gestaltbar. Und dabei will der Lehrer es jetzt eigentlich bewenden lassen.

Doktor Leips entlässt den Lehrer jedoch noch nicht aus seinen zweifelnden Gedanken. Denn Doktor Leips weiß mit einem Mal nicht nur über Königsberg Bescheid, er weiß sogar, dass Kopernikus nur gut 60 Kilometer von Königsberg entfernt sein Hauptwerk verfasst hat, die Schrift, welche die »kopernikanische Wende« enthält.

»Und was sind 60 Kilometer – zumal mit dem Flugzeug?«, bemerkt er augenzwinkernd. »Irgendwie passt das alles wunderbar, finden Sie nicht? Die Theorien fügen sich wie in einem Baukasten zusammen. Und unsere Wege in der Wirklichkeit ebenso.«

Da hat er durchaus recht, muss der Lehrer verblüfft zugeben.

9

Zusammenfassung – Ein Baukastensystem

Alles passt wie in einem Baukasten zusammen. Besser kann man Kants Theoriegebäude sicherlich kaum beschreiben. Unser Wahrnehmungs- und Erkenntnisprozess kann nur dadurch funktionieren, indem wir mit dem, was in uns selbst liegt, die Eindrücke der Wirklichkeit »überformen«. Das ist Kants Grundbaustein. Erkenntnis ist nur möglich, weil wir Erkenntnisformen in uns besitzen. Die Wirklichkeit muss folglich zwangsläufig das Bild annehmen, welches wir ihr aufdrücken. Sie muss so aussehen, wie es den Funktionsprinzipien unserer Augen und unseres Verstandes entspricht.

Aus uns heraus können wir nicht. Dadurch können wir über alle Ideen und Vorstellungen, die unsere eigenen Sinne und unseren eigenen Verstand übersteigen, nur spekulieren, aber niemals etwas wissen. An Gott können wir glau-

> ***Die Wirklichkeit muss zwangsläufig das Bild annehmen, welches wir ihr aufdrücken. Sie muss so aussehen, wie es den Funktionsprinzipien unserer Augen und unseres Verstandes entspricht.***

ben, aber weder wissen, dass es ihn gibt, noch beweisen, dass es ihn nicht gibt. Geben kann es etwas Höheres immer nur in uns selbst.

An den Erkenntnisbaukasten schließt sich der Moralbaukasten nahtlos an. Auch hier gibt es keinen äußeren Anker, an dem wir unser Wissen und Verhalten festmachen können. Moralität gibt es erst dann, wenn das moralische Gesetz selbst zur Triebfeder wird. Und die Pflicht ist die moralische Notwendigkeit, welche die sittlichen Maximen zum allgemeinen Gesetz werden lässt. Alles vereint im Kategorischen Imperativ, der jedoch sagt, wie man handeln sollte, aber nicht, dass die Menschen in Wirklichkeit auch so handeln.

Und wie könnte man nun die Antworten auf Kants wichtige Fragen formulieren? Was kann ich wissen? Was soll ich tun? Was darf ich hoffen?

Alles, was wir wissen, ist immer nur ein Wissen für uns. Tun sollten wir, was wir unabhängig von unseren Neigungen als gut erkennen. Hoffen können wir, dass uns das gelingt und dass die anderen sich in dieser Hinsicht ebenfalls bemühen. Obwohl das manchmal schwerfällt. Und was ist der Mensch?

Erkenntnis und Moral:
Alle Prinzipien sind ausschließlich im Menschen verankert.
Alles beginnt und endet beim Menschen.
Er ist der alleinige Maßstab.

In diesem Moment gerät das Flugzeug in eine heftige Turbulenz. Es ruckelt und wackelt, und mit einem heftigen Stoß setzt die Maschine auf. »Meine sehr verehrten Damen und Herren, wir sind soeben in Kaliningrad gelandet.« Erleichterung macht sich beim Lehrer breit, als er wieder festen Boden unter sich spürt.

»Na, habe ich es Ihnen nicht gesagt, ich garantiere Ihnen, wir stürzen nicht ab.« Doktor Leips strahlt über das ganze Gesicht. »Manchmal ist der Freiheitsgrad der Ereignisse eben deutlich kleiner, als man glaubt.«

Der Lehrer stutzt abermals. Erneut diese Anspielung auf die Freiheit. Und plötzlich trifft es ihn wie ein Blitzschlag. Eine AnSPIELung – Leips heißt rückwärts gesprochen nichts anderes als »Spiel«. Also doch ein Mysterium? Alles nur ein großes Spiel, eine Inszenierung, und Doktor Leips in einer ganz anderen Rolle als der des wissbegierigen Chefs?

Einige Minuten vergehen, in denen keiner von beiden ein Wort sagt. Doktor Leips denkt an die Geschäftstermine, die er wegen der Zwischenlandung wird verschieben müssen. Vor den Augen des Lehrers laufen die Ereignisse der letzten Stunde noch einmal ab. Kant sagt uns, dass wir letztlich für unser Weltbild und für das, was wir denken und glauben, selbst verantwortlich sind. Dies muss der Lehrer, das erkennt er jetzt, auch auf sich selbst beziehen.

Am Ende ist nicht zu bestreiten, dass der Lehrer, der fast alles über Kant zu wissen glaubte, auf diesem Flug deutlich dazugelernt hat. Wirkliches Wissen kann man sich tatsächlich nicht anlesen, man muss es auch erleben und durchleben. Das ist ihm zwar schon vorher bewusst gewesen, doch wirklich verinnerlicht hat er es erst jetzt. Es scheint also zwei grundlegend verschiedene Wissensarten zu geben, einmal das Wissen, das man aus fremden Quellen bezieht, und ein anderes Wissen, welches zwar darauf aufbaut, sich aber ausschließlich in einem selbst bilden kann. Das ist es wohl, was den Menschen ausmacht. Und die anderen Rätsel bleiben Rätsel.

Gesammelte Weisheiten

Hier finden Sie noch einmal alle im Buch verwendeten Weisheiten und Erkenntnise der Kantschen Philosophie im Überblick.

Die Welt an sich ist unerkennbar. Alles, was wir zu erkennen glauben, ist nur eine Erscheinung.

Wer in seinem Kopf das Chaos der Welt durchwühlt, muss in seinem sonstigen Leben penible Ordnung halten.

So viel ist gewiss, wer einmal Kritik gekostet hat, den ekelt auf immer alles dogmatische Gewäsche.

Zwei Dinge erfüllen das Gemüt mit immer neuer und zunehmender Bewunderung und Ehrfurcht: Der bestirnte Himmel über mir und das moralische Gesetz in mir.

Der Verstand schöpft seine Gesetze nicht aus der Natur, sondern schreibt sie dieser vor.

Kants wichtigste Fragen:

Was kann ich wissen?
Was soll ich tun?
Was darf ich hoffen?
Und was ist der Mensch?

Reiner Rationalismus an den Märkten wäre, zu agieren, ohne auf die Marktentwicklung zu achten.

Reiner Empirismus an den Märkten wäre, Markttrends einfach fortzuschreiben, ohne sich eigene Gedanken zu machen.

Die Erkenntnistheorie und das Management stehen prinzipiell vor den gleichen Aufgaben:
Möglichst sichere Erkenntnisse erzielen und dazu Verknüpfungen bilden und Synergien herstellen.

Mit Kant an den Märkten zu agieren heißt, nicht einäugig zu sein und sich sowohl eigene Gedanken über den Markt zu machen als auch auf den Markttrend zu achten.

Wir können die Objekte immer nur so erkennen, wie sie uns erscheinen, nicht jedoch, wie sie an sich sein mögen.

Die Gesetzmäßigkeiten unserer Welt liegen in Wirklichkeit nicht in der Welt, sondern ausschließlich in uns selbst.

Nicht die Erkennnis richtet sich nach den Dingen, sondern die Dinge richten sich nach unserer Erkennis.

Kants Theorie als Erkenntnismuster und Instrument der logischen Positionierung:

(1) Was wir selbst gemacht haben, können wir auch wieder ändern.

(2) Unser Weltbild ist formbar. Das kann eine große Chance sein.

(3) Aus der generellen Beschränkung unseres Erkenntnisvermögens können einerseits Toleranz und Offenheit für ein Andersdenken und für das Neue erwachsen.

Das Wissen aufheben, um Platz für den Glauben zu bekommen! Jeder Sinn ist zwangsläufig immer ein menschlicher Sinn.

Aufklärung ist der Ausgang des Menschen aus seiner selbstverschuldeten Unmündigkeit.

Ich muss alle meine Entscheidungen und deren Konsequenzen selbst verantworten.

Objektiv ist, was für alle Menschen identisch gültig ist, weil es von allen Menschen gleich wahrgenommen und erkannt wird. So wird die »Objektivität« zur »Intersubjektivität«.

Handle nur nach derjenigen Maxime, von der du zugleich wollen kannst, dass sie ein allgemeines Gesetz werde.

Wahr ist, was widerspruchslos gedacht werden kann, und sich zudem in der Wahrnehmung wiederfinden lässt.

- *Unsere ganze Erkenntnis ist vom Menschen gemacht.*
- *Wir sollten uns nichts aufschwatzen lassen, was nicht überprüfbar ist.*
- *Eigenes Nachdenken kann nie schaden. Nicht nur die Zukunft, sondern auch die Gegenwart ist offen.*
- *Die Welt hält viel mehr Überraschungen bereit, als wir uns das gemeinhin träumen lassen.*

Glaube nichts unbesehen, hinterfrage und erkunde alles, überprüfe alles, was du gefunden hast, am eigenen Verstand und an der eigenen Vernunft, denn du verantwortest deine Entscheidungen.

Denke frei und ohne Grenzen, die Gegenwart ist offen und gestaltbar.

Die Wirklichkeit muss zwangsläufig das Bild annehmen, welches wir ihr aufdrücken. Sie muss so aussehen, wie es den Funktionsprinzipien unserer Augen und unseres Verstandes entspricht.

Erkenntnis und Moral: Alle Prinzipien sind ausschließlich im Menschen verankert. Alles beginnt und endet beim Menschen. Er ist der alleinige Maßstab.